本书由
中央高校建设世界一流大学（学科）
和特色发展引导专项资金
资助

中南财经政法大学"双一流"建设文库

"一带一路"系列

"一带一路"背景下湖北旅游资源评价与对接策略研究

李莺莉 著

中国财经出版传媒集团
中国财政经济出版社

图书在版编目（CIP）数据

"一带一路"背景下湖北旅游资源评价与对接策略研究/李莺莉著．--北京：中国财政经济出版社，2019.12

（中南财经政法大学"双一流"建设文库．"一带一路"系列）

ISBN 978-7-5095-9393-6

Ⅰ.①一… Ⅱ.①李… Ⅲ.①地方旅游业－旅游资源评价－湖北 Ⅳ.①F592.763

中国版本图书馆 CIP 数据核字（2019）第 246445 号

责任编辑：武志庆　　　　　　责任校对：李　丽
封面设计：陈宇琰

"一带一路"背景下湖北旅游资源评价与对接策略研究
"YIDAIYILU" BEIJINGXIA HUBEI LYUYOU ZIYUAN PINGJIA YU DUIJIE CELUE YANJIU

中国财政经济出版社 出版

URL: http://www.cfeph.cn
E-mail: cfeph@cfemg.cn

（版权所有　翻印必究）

社址：北京市海淀区阜成路甲 28 号　邮政编码：100142
营销中心电话：010-88191537
北京财经印刷厂印装　各地新华书店经销
787×1092 毫米　16 开　10.25 印张　162 000 字
2019 年 12 月第 1 版　2019 年 12 月北京第 1 次印刷
定价：47.00 元
ISBN 978-7-5095-9393-6
（图书出现印装问题，本社负责调换）
本社质量投诉电话：010-88190744
打击盗版举报热线：010-88191661　QQ：2242791300

总 序

"中南财经政法大学'双一流'建设文库"是中南财经政法大学组织出版的系列学术丛书,是学校"双一流"建设的特色项目和重要学术成果的展现。

中南财经政法大学源起于1948年以邓小平为第一书记的中共中央中原局在挺进中原、解放全中国的革命烽烟中创建的中原大学。1953年,以中原大学财经学院、政法学院为基础,荟萃中南地区多所高等院校的财经、政法系科与学术精英,成立中南财经学院和中南政法学院。之后学校历经湖北大学、湖北财经专科学校、湖北财经学院、复建中南政法学院、中南财经大学的发展时期。2000年5月26日,同根同源的中南财经大学与中南政法学院合并组建"中南财经政法大学",成为一所财经、政法"强强联合"的人文社科类高校。2005年,学校入选国家"211工程"重点建设高校;2011年,学校入选国家"985工程优势学科创新平台"项目重点建设高校;2017年,学校入选世界一流大学和一流学科(简称"双一流")建设高校。70年来,中南财经政法大学与新中国同呼吸、共命运,奋勇投身于中华民族从自强独立走向民主富强的复兴征程,参与缔造了新中国高等财经、政法教育从创立到繁荣的学科历史。

"板凳要坐十年冷,文章不写一句空",作为一所传承红色基因的人文社科大学,中南财经政法大学将范文澜和潘梓年等前贤们坚守的马克思主义革命学风和严谨务实的学术品格内化为学术文化基因。学校继承优良学术传统,深入推进师德师风建设,改革完善人才引育机制,营造风清气正的学术氛围,为人才辈出提供良好的学术环境。入选"双一流"建设高校,是党和国家对学校70年办学历史、办学成就和办学特色的充分认可。"中南大"人不忘初心,牢记使命,以立德树人为根本,以"中国特色、世界一流"为核心,坚持内涵发展,"双一流"建设取得显著进步:学科体系不断健全,人才体系初步成型,师资队伍不断壮大,研究水平和创新能力不断提高,现代大学治理体系不断完善,国际交流合作优化升级，综合实力和核心竞争力显著提升，为在 2048 年建校百年时，实现主干学科跻身世界一流学科行列的发展愿景打下了坚实根基。

"当代中国正经历着我国历史上最为广泛而深刻的社会变革，也正在进行着人类历史上最为宏大而独特的实践创新"，"这是一个需要理论而且一定能够产生理论的时代，这是一个需要思想而且一定能够产生思想的时代"①。坚持和发展中国特色社会主义，统筹推进"五位一体"总体布局和协调推进"四个全面"战略布局，实现"两个一百年"奋斗目标、实现中华民族伟大复兴的中国梦，需要构建中国特色哲学社会科学体系。市场经济就是法治经济，法学和经济学是哲学社会科学的重要支撑学科，是新时代构建中国特色哲学社会科学体系的着力点、着重点。法学与经济学交叉融合成为哲学社会科学创新发展的重要动力，也为塑造中国学术自主性提供了重大机遇。学校坚持财经政法融通的办学定位和学科学术发展战略，"双一流"建设以来，以"法与经济学科群"为引领，以构建中国特色法学和经济学学科、学术、话语体系为己任，立足新时代中国特色社会主义伟大实践，发掘中国传统经济思想、法律文化智慧，提炼中国经济发展与法治实践经验，推动马克思主义法学和经济学中国化、现代化、国际化，产出了一批高质量的研究成果，"中南财经政法大学'双一流'建设文库"即为其中部分学术成果的展现。

文库首批遴选、出版二百余册专著，以区域发展、长江经济带、"一带一路"、创新治理、中国经济发展、贸易冲突、全球治理、数字经济、文化传承、生态文明等十个主题系列呈现，通过问题导向、概念共享，探寻中华文明生生不息的内在复杂性与合理性，阐释新时代中国经济、法治成就与自信，展望人类命运共同体构建过程中所呈现的新生态体系，为解决全球经济、法治问题提供创新性思路和方案，进一步促进财经政法融合发展、范式更新。本文库的著者有德高望重的学科开拓者、奠基人，有风华正茂的学术带头人和领军人物，亦有崭露头角的青年一代，老中青学者秉持家国情怀，述学立论、建言献策，彰显"中南大"经世济民的学术底蕴和薪火相传的人才体系。放眼未来、走向世界，我们以习近平新时代中国特色社会主义思想为指导，砥砺前行，凝心聚

---

① 习近平：《在哲学社会科学工作座谈会上的讲话》，2016 年 5 月 17 日。

力推进"双一流"加快建设、特色建设、高质量建设,开创"中南学派",以中国理论、中国实践引领法学和经济学研究的国际前沿,为世界经济发展、法治建设做出卓越贡献。为此,我们将积极回应社会发展出现的新问题、新趋势,不断推出新的主题系列,以增强文库的开放性和丰富性。

"中南财经政法大学'双一流'建设文库"的出版工作是一个系统工程,它的推进得到相关学院和出版单位的鼎力支持,学者们精益求精、数易其稿,付出极大辛劳。在此,我们向所有作者以及参与编纂工作的同志们致以诚挚的谢意!

因时间所囿,不妥之处还恳请广大读者和同行包涵、指正!

中南财经政法大学校长

前　言

"能用众力，则无敌于天下矣；能用众智，则无畏于圣人矣。"

——孙权

　　历史潮流，浩浩荡荡，繁荣稳定为中国发展带来机遇，中国发展也为世界和平做贡献。和平发展道路能不能走得通，很大程度上要看我们能不能把世界的机遇转变为中国的机遇，把中国的机遇转变为世界的机遇，在中国与世界各国良性互动、互利共赢中开拓前进。坚持从我国实际出发，坚定不移走自己的路，同时我们也要适应世界眼光，更好地把国内发展与对外开放统一起来，把中国发展与世界发展联系起来，把中国人民利益同各国人民共同利益结合起来，不断扩大同各国的互利合作，以更加积极的姿态参与国际事务，共同应对全球性挑战，努力为全球发展做出贡献。①

　　历史潮流中看每一个事件的发展，每一个国家的发展似乎都具有自身的合理性，符合自洽理论的解释。正因如此我国提出"一带一路"的倡议，希望构建"人类命运共同体"似乎也成为历史中一个自然而然的环节。但是每一个细小的时空变化带来的历史的不确定性，总期待着历史中每一个单元的参与和关注。

　　自2013年"一带一路"倡议提出以来，中国同很多国家的关系发生了变化，从中欧班列的运行到亚投行的成立，都成为历史长河里一朵引人注目的浪花。而我国各个省份都在为自己在这趟班列中找到一定的位置，被裹挟、被引领、被超越。

　　如果能找到一个具有综合性、带动性、国际性比较强的行业，展开一场"被裹挟、被引领和被超越"之旅，则自然而然地融入"一带一路"的倡议之中了。

---

① 《在十八届中央政治局第三次集体学习时的讲话》（2013年1月28日），载于《人民日报》，2013年1月30日。

"旅游外交"的提出突出了旅游行业的关联性和带动性,在不断实践过程中,形成了更多的共识。旅游产业持续的发展就是很好的佐证,人们从国内旅游到国际旅游,从东南亚到欧美,从西欧到东欧,在旅游目的地和客源地之间流动,同时国内旅游的持续热度也让所有旅游者追捧。"旅游扶贫"的实践也对乡村扶贫工作的展开起到了很好的促进作用。"田野党建""特色扶贫""旅游小镇""旅游综合体"在城乡之间广泛展开和推广,将乡村的发展推向绿色环保和可持续的道路上,越走越远。

湖北省位于我国中部,起到中部枢纽的重要作用,支撑着中部地区的发展也成为中部地区发展的中坚力量。旅游产业也随着当地人们的生活水平的提高,休闲需求的旺盛而不断发展起来,形成了"两圈一带"①的旅游发展格局。充分展示了楚人后代的湖北人仍然传承着祖先"筚路蓝缕、锐意创新"的精神,主动对接"一带一路"倡议,大力推进"万里茶路"旅游工程。湖北省重点支持武汉市、襄阳市建设丝路国际旅游港,支持咸宁万里茶道源头城市、赤壁市万里茶路文化旅游中心等重点项目,积极开展万里茶路沿线城市旅游合作,在境外加强与中亚、俄罗斯的旅游合作。以湖北自贸区建设为契机,在武汉、宜昌、襄阳等地开发国际旅游自由购物区,以免税购物和高品质出口商品为核心吸引物,并通过多种休闲业态的引入,形成集旅游购物、旅游度假、康体保健、特色餐饮等为一体的新型国家级旅游开发区。

小到"一村一品""一家一户",大到一省一市的战略规划,主动对接到"一带一路"倡议的尝试,让楚人敢为人先的精神得到充分体现,对提高人们的生活质量提供了很好的探索。也将湖北人的"中国梦"对接到了"人类命运共同体"上来。

中国人民的梦想同各国人民的梦想息息相通,实现中国梦离不开和平的国际环境和稳定的国际秩序。必须统筹国内国际两个大局,始终不渝走和平发展道路、奉行互利共赢的开放战略,坚持正确义利观,树立共同、综合、合作、可持续的新安全观,谋求开放创新、包容互惠的发展前景,促进和而不同、兼收并蓄的文明交流,构筑尊崇自然、绿色发展的生态体系,始终做世界和平的建设者、全球发展的贡献者、国际秩序的维护者。②

---

① "两圈一带"指的是武汉城市圈、鄂西生态文化旅游圈与长江经济带。
② 《决胜全面建成小康社会,夺取新时代中国特色社会主义伟大胜利》(2017年10月18日),人民出版社单行本,第25页。

"一带一路"倡议本质上就是这种新的义利观、新的安全观和新的发展观的综合体现,更需要管理实践部门对此做出反馈,集中"众力、众智",共同持续发展。

本研究正是在这样的宏大背景下展开,自2013年起持续关注湖北省旅游发展实践,思考探索,统计分析,运用量化模型分析湖北省旅游资源质量与旅游发展在时空双重维度上的发展特点,试图解决湖北省这样的省情如何持续发展本省的旅游产业,在练好内功,提高软硬件条件的基础上,形成对外沟通,对内互通的旅游持续发展新格局。

全书分为七章。绪论部分主要是对研究背景意义、研究思路、研究方法等研究设计做基本介绍。第一章通过综述"一带一路"以及旅游相关文献,试图找到旅游分析的切入点。第二章找出湖北省旅游在对接中的现状优劣,初步分析其存在问题及原因。第三章聚焦湖北旅游资源发展的自身条件,AHP的运用提高了资源评价体系的科学性和可靠性。第四章着重从空间维度,对湖北省旅游对接的节点城市做了详细的分析,得出具体错位类型,为有针对性地提出旅游对接战略做好铺垫。第五章主要从时间维度,对湖北省的旅游品牌发展和演化做出定量分析,得出品牌所处的生命周期阶段,为自然推导出相关品牌的营销和管理奠定分析基础。第六章立足发展与保护,分析了湖北省旅游战略对接的主要原则。第七章根据时空维度分析结果,提出"逐步对接、错位发展"的具体实施路径和保障。

本书的分析主要以城市为单元评价整合湖北省旅游资源,通过时空二维分析湖北省旅游空间布局和品牌演化,针对性地提出相关策略。"沉舟侧畔千帆过,病树前头万木春",破与立的博弈,需要深思。

本书的写作过程是缓慢的,却淡不去心中诸多感激,感谢初次成稿收集资料的王灿,感谢承担空间分析的周寇、黄梓绵和品牌演化分析的冯雪,以及给出写作意见的同事舒伯阳教授和湖北大学马勇教授等。感谢中国财政经济出版社编辑孙琛和樊清玉社长以及出版社各位的辛苦审稿和修改。

本书为湖北省社科基金一般项目"'一带一路'背景下湖北省旅游资源评价与对接战略研究"(2019119)成果。鉴于水平有限,研究不尽之处,敬请读者包涵!

目 录

绪 论   1
    第一节   研究背景   1
    第二节   湖北省旅游发展对接"一带一路"发展的意义   12

第一章 "一带一路"文献综述   18
    第一节   "一带一路"思想解读   18
    第二节   相关研究综述   22
    第三节   研究方法与思路   37

第二章 湖北省旅游对接现状分析   41
    第一节   湖北省旅游发展效益   41
    第二节   湖北省旅游对接的短板   50
    第三节   湖北省旅游对接 SWOT 分析   57

第三章 湖北省旅游资源评价及结果   65
    第一节   湖北省旅游资源评价过程   65
    第二节   AHP 方法评价结果   86

第四章 湖北省旅游发展空间对接分析   94
    第一节   旅游空间错位的评价指标   95
    第二节   数据结果   96
    第三节   空间错位结果分析   103

第五章　湖北省旅游品牌演化分析　　**105**
第一节　湖北省旅游品牌演化时间动态分析　　106
第二节　湖北省旅游品牌演化空间格局动态分析　　110

第六章　湖北省旅游发展对接原则　　**113**
第一节　湖北省旅游发展定位原则　　113
第二节　湖北省旅游对接"一带一路"发展指导原则　　115
第三节　湖北省旅游对接"一带一路"发展目标体系　　116
第四节　湖北省旅游对接"一带一路"建设导向　　118

第七章　湖北省旅游对接"一带一路"发展构建　　**121**
第一节　湖北省旅游区位对接路径　　121
第二节　湖北省旅游品牌对接路径　　132
第三节　湖北省旅游产业对接保障　　140

参考文献　　143

后记　　147

绪　　论

第一节　研究背景

2013年9月和10月，习近平主席在访问中亚、东南亚国家期间，先后提出共建"丝绸之路经济带"和"21世纪海上丝绸之路"的重大倡议，得到了有关国家的积极响应，为构建人类命运共同体提供了新途径，为中国经济腾飞找到了新出路。随着越来越多的国家加入"一带一路"朋友圈，多个重大项目陆续投入运营，"一带一路"写入联合国决议等一系列的利好消息令"一带一路"赢得世界持续关注。

在"一带一路"倡议提出的影响下，作为服务业的重要组成部分，旅游经济发展不仅为国家GDP作出了重大贡献，更为区域经济发展、社会发展和环境发展带来了相应的带动和示范效应。自2015年以来，旅游业在"一带一路"建设中扮演着越来越重要的角色。在经济全球化发展趋势下，无论是沿海省市还是内陆省市都在思考和确定自身旅游产业的定位，制定相应政策，不仅在扩大国际旅游客源方面，也在加强区域合作以及区域内旅游品质的提高方面给予重要的关注。

改革开放40多年来，特别是在1996年湖北省省委、省政府作出加快发展旅游业的决定以来，湖北旅游业逐渐进入快速发展的轨道，旅游产业结构本身也不断得到调整和优化。2013年以来湖北省旅游业的发展也呈现出与全国旅游业发展相适应的新趋势，如全域旅游、旅游扶贫、乡村旅游、文化文创等全新的体验不断促进着旅游的发展。2018年湖北省旅游竞争力全国排名提升到第14位（中国旅游研究院武汉分院《2018年中国旅游发展报告》）。2018年湖北省国内旅游人数7.27亿人次，增长13.8%；国内旅游收入6344.33亿元，增长

15.0%。湖北省统计局数据显示2013—2018年湖北省旅游人数和旅游收入不断增加,其中旅游人数6年年均复合增长率为12.35%,旅游收入6年年均复合增长率为15.18%。

在"一带一路"大背景下,地方旅游与区域旅游乃至全球旅游如何进一步有效地融合发展,在顺应新时代要求的同时提升自身地方旅游发展质量,确定有见地的发展策略,寻求可行性发展路径,成为政府和业界关注的重要议题。

"一带一路"倡议让湖北省旅游业的发展看到了机遇,虽然并不直接属于丝路沿线18个省份之一,但是作为中部地区的重要省份积极参与"一带一路"建设,是湖北省不可回避的历史责任和使命。旅游业引领区域融合和行业融合的发展方向成为湖北省旅游发展融入"一带一路"建设的重要保证。

一、"一带一路"倡议,创造产业对接条件

"丝绸之路经济带"和"21世纪海上丝绸之路"(简称"一带一路")这一重大倡议,是以习近平总书记为核心的党中央统揽全局、顺应大势,为构建人类命运共同体、着眼实现中华民族伟大复兴的中国梦而提出的发展理念和倡议,是承贯古今、连接中外、造福沿线各国人民的伟大事业,作为承载时代使命的世纪工程,旨在以亚洲国家为重点方向,以陆上和海上经济合作走廊为依托,以人文交流为纽带,以共商、共建、共享为原则,建设中国同沿线各国经贸和文化交流的大通道,为沿线各国共谋发展、共同繁荣提供新契机,这个倡议继承了古丝绸之路开放包容、兼收并蓄的精神,同时也被赋予了新的时代特质,掀开了世界发展进程的新一页,得到了国际社会的广泛关注和沿线各国的积极回应。

国家发改委披露,2013年以来,"一带一路"建设各方面工作都取得了显著成效,有力促进了我国经济社会发展和对外开放,增强了我国国际影响力和感召力。

《国际金融论坛(IFF)中国报告2018》公布了全球首份"一带一路"问卷调查结果,由26个具有代表性的国家和地区中央银行的调查回收问卷组成,总结了"一带一路"建设5年来,中国在双边及多边共同投资项目合作中所呈现的成果、问题及经验。报告表明,63%的受访中央银行认为"一带一路"倡议是极其重要乃至千载难逢的机遇,也是过去10年最重要的全球倡议之一。正如

中国现代国际关系研究院副院长傅梦孜指出的,"一带一路"是中国迄今为国际社会提供的最大公共产品,也是目前世界上最受欢迎的国际合作倡议。

"一带一路"建设逐渐从理念转化为行动,从倡议变为共识,从愿景成为现实,建设成果丰硕,对世界格局也产生了深远影响。中国人民大学国际关系学院教授王义桅把"一带一路"过去5年的成果分为五大类:顶层设计、重大项目、规划对接、互联互通、企业行动。

(一)基础建设对接进入条件

中国交通运输部公布的数据显示,"一带一路"倡议提出5年来,交通互联互通方面取得多项成果。"中欧班列"开行突破9000列,国际道路客货运输线路开通356条,增加国际航线403条,与沿线43个国家实现直航,每周约4500个直航航班。

基础设施互联互通建设加快推进。设施联通是"一带一路"建设的核心内容和优先领域。中老铁路、中泰铁路、匈塞铁路建设稳步推进,雅万高铁全面开工建设。汉班托塔港二期工程竣工,科伦坡港口城项目施工进度过半,比雷埃夫斯港建成重要中转枢纽。中缅原油管道投用,实现了原油通过管道从印度洋进入我国。中俄原油管道复线正式投入使用,中俄东线天然气管道建设按计划推进。中欧班列累计开行数量即将突破1万列,到达欧洲14个国家、42个城市。

2019年4月,交通运输部发布的信息显示,中国已和"一带一路"沿线45个国家和地区开通了直飞航班,中国游客"走出去"更加便捷,预计到2020年,中国前往"一带一路"沿线国家和地区的游客量将超过1.5亿人次。

这些项目不仅改善了当地基础设施环境,同时为解决各自国内问题、促进区域经济增长和推进工业化进程提供了方案,也为出入境旅游的增加提供了必要的进入条件。

(二)金融条件对接经济合作

我国已与100多个国家和国际组织签署了共建"一带一路"合作文件。共建"一带一路"倡议及其核心理念先后被纳入联合国、二十国集团、亚太经合组织、上合组织等重要国际机制成果文件。

随着黎巴嫩在亚洲基础设施投资银行第三届理事会年会上被批准作为意向成员加入,亚投行的成员总数已达到87个,而这一数值在2015年底亚投行成立之初,还只有57个。截至2018年8月,亚投行共在13个国家开展了28个项目,并接连斩获3家国际评级机构最高信用评级,多边金融机构的亚投行不断促进地区经济发展。

金融合作是"一带一路"国际合作的重要组成部分。通过加强金融合作,促进货币以及资金融通,为"一带一路"建设创造稳定的融资环境,积极引导各类资本参与实体经济发展和价值链创造,推动世界经济健康发展。截至2018年6月,我国在7个沿线国家建立了人民币清算安排。已有11家中资银行在27个沿线国家设立了71家一级机构,国际接受度不断提高。

(三)创新发展对接经济增长

中国与沿线国家的贸易和投资合作不断扩大,形成了互利共赢的良好局面。2017年,中国对"一带一路"国家的进出口总额达到14403.2亿美元,同比增长13.4%,高于中国整体外贸增速5.9个百分点,占中国进出口贸易总额的36.2%。其中,中国对"一带一路"国家出口7742.6亿美元,同比增长8.5%,占中国出口总额的34.1%;自"一带一路"国家进口6660.5亿美元,同比增长19.8%,占中国进口总额的39.0%,近5年来进口额增速首次超过出口。

2017年,中国对"一带一路"沿线国家投资143.6亿美元,占同期中国对外投资总额的12%。尤其是在中企海外并购项目整体锐减五成、交易总额整体下降逾10%的情况下,对"一带一路"沿线国家并购投资额逆势增长32.5%。

中国与沿线国家已建设80多个境外经贸合作区,为当地创造了24.4万个就业岗位。中国—白俄罗斯工业园等成为双边合作的典范,中国—老挝跨境经济合作区、中哈霍尔果斯国际边境合作中心等一大批合作园区也在加快建设。

(四)教育传播对接人力资源

随着共建"一带一路"倡议及其核心理念被纳入联合国、二十国集团、亚太经合组织、上合组织等重要国际机制成果文件。"一带一路"倡议持续凝聚国际合作共识,在国际社会形成了共建"一带一路"的良好氛围。紧紧抓住发展这个最大公约数,"一带一路"倡议致力推动释放各国发展潜力,实现经济大融合、发展大联动、成果大共享。

教育的发展,相互语言的融通,为"一带一路"的发展带来了更多的人力资源储备。如实施"丝绸之路"中国政府奖学金,发起成立"一带一路"绿色发展国际联盟倡议,正式开通"一带一路"官方网站,实现联合国6种官方语言版本同步运行。多层次、多领域的人文交流合作为沿线各国民众友好交往和商贸、文化、教育、旅游等活动带来了便利和机遇,不断推动文明互学互鉴和文化融合创新。

总而言之，在"一带一路"倡议的带动下，政策稳定性和可预见性不断增强，促进了海外投资健康发展，也为丝路沿线的旅游发展提供了良好的发展条件。5年来，政策沟通不断深化，设施联通不断加强，贸易畅通不断提升，资金融通不断扩大，民心相通不断促进。这些基础硬件和软件条件的完善，为"一带一路"旅游合作交流奠定了良好的基础，"一带一路"旅游合作对影响现阶段城市旅游和世界旅游发展有着重要的作用；旅游不是孤立的，它需要更好地向国际化发展。

"一带一路"跨越了东西方的四大文明，四大宗教的发源地，连接了全球主要旅游客源地与目的地。目前"一带一路"沿线国家的国际旅游规模占全球旅游总规模的70%左右，中国与丝路沿线国家双向旅游交流的规模超过2500万人次，预计在"十三五"期间，中国将吸引"一带一路"沿线国家8500万人来华旅游，拉动消费约1100亿美元。同时，中国也将为沿线国家输送更大规模的游客和消费。这种相互促进必将成为"一带一路"框架下的发展常态。

二、"旅游外交"提出，提供区域融合抓手

2015年以来，"旅游外交"逐渐成为舆论关注的热点词汇之一。2016年，国家旅游局坚持"以旅游合作充实和丰富外交关系，以外交关系保障和推动旅游合作"的指导思想，主动融入国家外交大局，发挥我国旅游资源优势，灵活运用旅游市场机制，有效影响国际旅游格局。

（一）古丝绸之路的外交启蒙

古代丝绸之路就有陆路和海上之分。具体而言，陆上丝绸之路起源于西汉张骞出使西域时期，以长安为起点，经甘肃、新疆，到达中亚和西亚，最后至地中海沿岸。而海上丝绸之路以南海为中心，故也被称作南海丝绸之路，它形成于秦汉时期，并在三国和隋朝时得到发展，繁荣于唐宋，又在明清时期完成转变。最终，它们成为当时对外贸易的重要商品通道，也是政治文化交流的重要门径。其中，驼队和商船是丝绸之路上两大最有标志性的事物。

首先是驼队，商人们通过骆驼把中原出产的丝绸和茶叶等运往西域地区，又把西域的地毯、玻璃带到中原来。我们能想象到这样的一个场景：依次而行的骆驼驮着商品满载而归，而在沙漠上留下了一排排凹陷的足迹。并且，正是

这样一支严谨有序的商队，才打开了东西方交往的大门。现在的我们仿佛也还能听到一阵阵驼铃的清音。

其次是商船，它们由南海出发，途径中南半岛和南海诸岛，穿越印度洋和红海到达非洲东海岸和欧洲沿岸的国家。明朝"郑和下西洋"就是海上丝绸之路发展到鼎盛的标志，且这七次的航行推动了沿线各国经济的繁荣。这些船只不仅把中国特有的丝绸和香料带至西方，还把中华文明传播到各个国家。

（二）民间外交上升到国家外交战略

旅游已经从外交边缘走向外交前沿，成为国家外交不可或缺的重要组成部分，成为国际经贸合作和人文交流最活跃、最具潜力的领域，成为构建新时代大国关系的重要内容和窗口。

2016年旅游外交最耀眼的事件当属首届世界旅游发展大会和第七届二十国集团旅游部长会议。尤其是首届世界旅游发展大会，这是党中央、国务院着眼外交和旅游业发展作出的重要决定，是"中国倡议、中国创意、中国主导"的一次重大主场旅游外交活动，在我国旅游发展史上具有里程碑意义。

（三）资源互通升级为全面融通

"一带一路"倡议提出以来，各国积极的反响逐渐形成了广泛的国际共识。迄今为止，全球已有100多个国家和国际组织参与其中，60多个国家和国际组织签署了合作协议。2016年9月13—16日，联合国世界旅游组织第22届全体大会在四川成都顺利召开，《"一带一路"旅游合作成都倡议》也正式对外发布。这也标志着中国旅游外交达到一个新的高峰。当前的旅游外交合作发展有以下几个趋势和特点：

1. 旅游交流合作规模不断扩大

丝绸之路是世界上最具活力和潜力的黄金旅游之路，涉及约65个国家，总人口44亿人，GDP 21万亿美元，分别占全球的62.5%和28.6%。据测算，中国与丝路沿线国家双向旅游交流已超过2500万人次。目前，"一带一路"沿线国家中，已有56个国家和地区成为中国公民出境旅游目的地，占我国公民出境旅游目的地总数的37%。"一带一路"建设的推进和国际区域合作发展大格局的形成，为我国旅游产业的发展和提升以及国际旅游合作机制的建立创造了新机遇；另一方面，通过扩大我国与"一带一路"沿线国家和地区旅游合作发展，可以促进人文交流，夯实民间友好基础，促进基础设施和经贸关系发展，为"一带一路"建设作出贡献。

2. 政府间旅游合作交流机制日益完善

在政府旅游合作方面，已建立起中国—俄罗斯、中国—东盟、中国—欧盟等一系列双多边旅游合作机制，创造了中国—东盟博览会旅游展、"敦煌行·丝绸之路国际旅游节"等国际旅游会展品牌。近年来，先后举办中国—俄罗斯、中国—韩国、中国—印度、中国—美国、中国—中东欧、中国—澳大利亚、中国—丹麦、中国—瑞士、中国—哈萨克斯坦、中国—东盟等10个旅游年，涉及国家34个，进一步夯实了"一带一路"合作的民意基础。2017年国家旅游局在东南亚、我国的港澳台地区及部分欧美国家持续加大旅游推广宣传力度，打造中国特色"一带一路"旅游品牌。通过密集的旅游推介活动，努力达成沿线各国"先通"共识，使旅游成为"互联互通"中名副其实的先行兵。中方先后与俄罗斯、格鲁吉亚、阿塞拜疆、摩尔多瓦4国实施团体旅游免签互惠政策，对51国公民实施来华72小时过境免签政策，对促进旅游交流起到积极作用。9月13—16日，国家旅游局在四川成都承办了联合国世界旅游组织第22届全体大会。包括"一带一路"沿线国家在内的各国嘉宾云集大熊猫的故乡，畅谈"一带一路"倡议下的旅游业发展良机以及具体落地措施。本届大会还专门举行了"一带一路"旅游部长会议，发布了《"一带一路"旅游合作成都倡议》。会上，各国旅游部长纷纷赞同中国提出的"一带一路"倡议，尤其是该倡议对国际旅游业的积极影响。

3. 旅游产业转型升级步伐加快

目前，"一带"旅游开始由观光向特色旅游转型，文化体验、探险旅游、商务旅游等旅游新业态迅速发展。以西安为代表的丝绸之路经济带国内段旅游基础设施不断完善，旅游接待水平大幅提升；"一路"旅游已逐渐向休闲度假升级，上海、厦门、三亚、舟山等地邮轮母港、游艇码头和海洋主题公园逐步设立，低空飞行、邮轮游艇等新型旅游产品蓬勃兴起。此外，有关院校纷纷成立"一带一路"研究院，也为"一带一路"旅游产业转型升级提供了智力支撑。

4. 旅游在"一带一路"建设中的先导带动作用日益显现

新疆、西藏、内蒙古等丝绸之路经济带沿线重要区域口岸建设进展顺利，直接提升了沿线旅游业的对外开放水平。丝绸之路文化旅游中心、边境旅游商品贸易中心、旅游文化互动体验馆等国际合作项目将成为推动重点。这些热点旅游基础设施的不断跟进，将使综合交通和信息网络更为贯通连接，旅游目的地体系区域将持续拓展重组，民间大资本将更易于和愿意进入，投资主体将愈加多元化。预计"十三五"时期,中国将为"一带一路"沿线国家输送1.5亿人次游客、2000亿美元旅游消费,同时将吸引沿线国家8500万人次游客来华旅游,拉动旅游消费约1100亿美元。实践证明,旅游在"一带一路"建设中完全可以发挥民间交流、先导示范、融通带动的优势作用。

2015年举办的丝绸之路旅游部长会议上,与会各国通过《西安倡议》,共同表示"丝绸之路是沿线各国共有的宝贵财富,也是旅游发展的重要资源",认为"加强丝绸之路沿线国家间的旅游合作,对于促进各国经济社会发展与地区的和平稳定具有重要意义"。2016年举办的首届世界旅游发展大会上,107个国家旅游部门通过《北京宣言》,提出"各国政府通过'一带一路'倡议等举措,加强互联互通,提升旅游便利化,推进并支持区域旅游合作。"2017年9月举办的联合国世界旅游组织第22届全体大会上,与会各国通过《成都倡议》,呼吁加强"'一带一路'各国家旅游合作。在创建旅游合作机制,提升旅游交流品质,加强旅游教育交流,提升旅游智力支撑等方面将进一步深化国际旅游交流与合作。"

旅游外交对"一带一路"倡议的实现起着重要的推动作用。中国将与"一带一路"沿线各国共同努力,推动落实这些重要共识,深化合作,共同分享旅游业发展的果实。通过加强旅游外交合作,交流发展理念,增进人文交流与文明互鉴,实现旅游业自主、平衡、多元、可持续的发展,让旅游成为"一带一路"沿线各国民心相通的亮丽纽带。

三、"文化旅游"融合,提升区域融合质量

2016年旅游外交最耀眼的事件当属首届世界旅游发展大会和第七届二十国集团旅游部长会议的召开。尤其是首届世界旅游发展大会,这是党中央、国务院着眼外交和旅游业发展作出的重要决定,是"中国倡议、中国创意、中国主导"的一次重大主场旅游外交活动,在我国旅游发展史上具有里程碑的意义。

(一)文旅融合成为新契机

中国是旅游产业大国,旅游是中国与世界互动的重要方式。"一带一路"沿线国家拥有众多的旅游资源,旅游市场活跃,旅游产业日趋成为各国主要的创汇来源。推动中国与沿线各国旅游产业的战略对接,有利于实现互惠互利、互

联互通，推动命运共同体建设。"一带一路"是中国的倡议，也是中国融入全球治理的实践。"一带一路"的推进需要政府间的合作，需要各产业链的衔接，需要各国的民心相通。民心相通是"一带一路"顺利推进的重要保障，民心相通有赖于相互了解以及善意欣赏，旅游是实现民众相互了解进而建立信任的重要途径。

旅游是和平交往的象征，是双边关系较为直观的表达。在反全球化回潮以及贸易保护主义兴起之际，中国继续倡导多边合作，推动"一带一路"沿线国家合作。"一带一路"沿线国家拥有众多优美的自然人文风光，各国旅游资源比较优势突出。"一带一路"沿线发展中国家众多，对旅游项目的投资与建设能力普遍不足，对接"一带一路"是现实的机遇。

"一带一路"跨越东西方四大文明，连接了世界主要旅游客源地和目的地，汇聚了全球黄金旅游线路资源，成为世界上旅游业发展最具活力的区域。据国家旅游局预测，"十三五"期间，我国将吸引"一带一路"沿线国家和地区近8500万人次入境旅游者，将拉动旅游消费约1100亿美元。亚太地区成为全球旅游发展增速最快的地区，中国旅游业也呈现出新的发展态势。

（二）旅游合作水平加速升级

"一带一路"使周边国家经贸关系进一步深化，中国与周边国家的旅游合作更加密切。国际签证的便利化与多国互通互惠机制的建立，有利于旅游基础设施共商、共建和共享以及旅游服务及交通出行等软环境的提升。"一带一路"互联互通建设极大地推动了旅游合作水平的升级，中国—东盟、中国—欧盟、中俄等一系列双边旅游合作机制逐渐成熟，各旅游合作联盟相继成立，跨境旅游合作区建设有效推进。

"一带一路"沿线国家蕴含着极为丰富的文化旅游资源，中国游客迅速增长的文化旅游需求，也带来了庞大的旅游市场空间以及高速的产业成长势能，文化与旅游融合趋势，势必将为沿线旅游业发展注入新的活力。马蜂窝旅游网行销策略总经理赵冉表示。

"一带一路"倡议的不断推进，不仅给沿线国家带来旅游热度的增加，同时也加快了文旅融合的速度。越来越多的中国游客在出境旅游过程中主动搜寻并积极体验异域文化的相关景点和项目。"一带一路"沿线国家和地区拥有丰富的世界遗产资源。其中，意大利拥有多达54项世界遗产，包括49项文化遗产和5项自然遗产。在众多文化遗产中，城市历史中心遗产占据7项，包括佛罗伦萨历史中心、那不勒斯历史中心、锡耶纳历史中心等。排在第二、三位的是俄罗斯和伊朗，分别拥有 28 项和 23 项世界遗产。同时，越来越多的游客选择在行程安排中给博物馆参观行程留出一定时间，尽情感受文化的熏陶。

四、"全域旅游"发展，呼吁打破时空界限

全域旅游，是指将区域作为旅游目的地来建设和运作，实现区域资源有机整合、产业全面融合、社会共建共享，以旅游业带动经济快速发展、促进社会协调稳定的一种发展模式和发展理念。

在全域旅游中，各行业积极融入，各部门齐抓共管，居民共同参与，充分利用区域全部能够产生吸引力的要素，为旅游者提供全方位、全过程的旅游体验产品，充分满足旅游者的需求。"全域旅游"最终要达到的目的，不仅仅只是旅游人次的增长，更是旅游体验品质的提升，实现旅游对人们生活品质提升、旅游在人们新财富革命中的价值。

全域旅游是观光旅游的全景化、全覆盖，是资源优化、空间有序、产品丰富、产业发达的科学的系统旅游。全域旅游要求全社会广泛参与旅游业，通过消除城乡二元结构，实现城乡一体化，全面推动产业建设和经济提升，是以旅游发展带动区域经济发展和美丽乡村建设的一套有效模式和方法。在 2017 年的政府工作报告中，李克强总理提到了"全域旅游"这一两会热词。报告指出，要完善旅游设施，提升旅游服务品质，大力发展乡村旅游、休闲旅游、全域旅游。这是"全域旅游"第一次被写入政府工作报告，引起了公众广泛关注。2018 年 3 月，国务院办公厅印发《关于促进全域旅游发展的指导意见》，为全域旅游的发展道路作出部署。

旅游产业是辐射面极广的商业形态。旅游产业对接是国家通过自主选择自身的旅游资源与他国相应的产业资源进行融合、衔接、合作，进而实现要素流动、产业链互动、优势互补、利益共享。在扩大"一带一路"服务贸易的背景下，中国庞大的旅游市场需求，较为成熟的产业链以及旅游商业模式存在一定优势。习近平总书记提出大力推进"全域旅游"，这为沿线国家参与我国的旅游扶贫项目，实现资源互补，开拓旅游商品贸易与直接投资，增进国家民众之间的信任提供了机遇。可以说，旅游产业与"一带一路"建设对接具有现实的政治与经济意义。

2019年8月根据世界银行研究院调查,"一带一路"新建设的交通网络带动沿线国家和地区的外国直接投资总额增加了4.97%,沿线国家之间的合作机制不断健全,经贸合作和人文交流也将随之步入新的阶段。马蜂窝旅游网与中国旅游研究院共同成立的"自由行大数据联合实验室"发布了《"一带一路":中国出境自由行大数据报告2019》,报告显示2019年以来"一带一路"沿线国家旅游热度都有不同程度的上升。

基于全域旅游的视角来看旅游元素之间都是相互联系的,要以旅游的标准对其进行统一规划、协调和资源配置。"全域旅游"的意义远远超出了旅游范畴,体现了一个城市、一个地区经济结构不断优化,社会发展不断进步的内在要求。居民通过旅游直接与外界发生联系,学习其他国家、其他民族、其他文化的先进因素,使自己不断得到完善和提升。这样既在经济层面解决很多人的就业,包括直接就业和间接就业,承担着扶贫任务,还有着促进社会进步和人的全面发展的使命。因此,全域旅游还有一个重点就是要共享。过去在人们看来与当地居民不相干的企业,通过发展全域旅游,可以带动更多的人脱贫致富,共享旅游发展的成果。

五、"供给侧"改革,助力美好生活需要

2018年是贯彻落实党的十九大精神的开局之年,是我国改革开放40周年,是我国决胜全面建成小康社会、实施"十三五"规划承上启下的关键一年,成为各省市发展旅游业,提高人民生活质量的良好契机。

"人民对美好生活的向往,就是我们的奋斗目标",可见当今旅游是人民美好生活的重要表现形式,旅游已成为人民群众重要的生活方式,旅游业正在成为一种新民生,成为解决新时代社会主要矛盾的新动力。大众旅游需求持续释放,居民消费升级,国内旅游市场持续高速增长,全国旅游人次已突破50亿大关,湖北省年接待旅游者已超过6亿人次,人均出游已近4次。巨量的游客需求对旅游产业供给提出了更高要求,更高的游客满意度和居民满意度是新时代旅游发展的导向。

旅游从来不是孤立的,它是跨区域的、跨国家的,是国际化的。在全球化的大背景下,各国旅游加强交流合作,让这个世界变得更加和谐、亲密和充满爱,必然成为旅游发展的主旋律。

第二节　湖北省旅游发展对接"一带一路"发展的意义

一、旅游对接"一带一路"发展的意义

"一带一路"沿线国家具有丰富的旅游资源，对接开发符合各方利益。旅游产业对接可以在一定程度上扭转中国长期扮演主要投资者和主要风险承担者的现状，实现资源互动、投资互动、人才互动、民众互动。这与美国等大国奉行贸易保护主义、经济民族主义，信仰"单边"与"单干"不同，中国在"一带一路"中奉行"共商共建共享"，倡导政策沟通、设施联通、资金融通、贸易畅通、民心相通，积极推动人类命运共同体建设。旅游对接将有助于推动人文交流与公共外交发展；有利于推动各国民生事业的发展；提高经济关联度，推动命运共同体建设；推动落实联合国《2030年可持续发展议程》。

（一）有助于推动人文交流和公共外交

旅游的本质是人员与文化的交流。中外人文交流是党和国家对外工作的重要组成部分，是夯实中外关系社会民意基础、提高我国对外开放水平的重要途径。"一带一路"沿线国家有着优美的自然风光，承载着中国文明、印度文明、希腊文明、波斯文明等，这些自然人文风光具有重要的审美价值和人文价值，旅游产业的战略对接有助于推动中国与沿线各国民众的人文交流，推动不同文明对话。民众之间的交流有助于我国外交走出去，这里包含了公司、企业家甚至个人等主体，互联互通中最重要的是民心相通，亦是外交的核心价值所在。

（二）有助于推动沿线各国民生事业发展

旅游业与民生事业发展关联紧密。"一带一路"沿线国家基建投入长期赤字，并普遍低于世界通行的标准。旅游产业的对接将极大地刺激"一带一路"沿线国家的旅游基建投资，在潜在的商业利润的刺激下，旅游资源可以得到现代化和商业化的开发，推动一些国家从旅游投资"荒地"建设成为旅游投资"绿地"。

旅游业是典型的劳动密集型产业，技术需求低，适合广大沿线发展中国家的国情，而基础设施建设具有周期长、用工多、投资大、收益明显的特征，旅游基建的经济效益具有一定的可持续性，能够较为显著地提升当地民众的收入。但是旅游产业对接涉及一国政府职能的转型，即从管制型政府到服务型政府的转变，这种转变可以推动政府行政的改革，降低一国的政治、商业风险，提升民众对政府的认同度，增加政党执政合法性。

（三）有助于提升经济互动，推动命运共同体建设

中国是"一带一路"的主要建设者和推动者。目前我国政府正着力整合各旅游要素资源，加强软硬件设施建设，依法整治旅游市场，提升游客的整体素质，创新旅游产业，加强文明旅游教育与监督，促进旅游消费升级、推进区域旅游一体化、深化体制改革，推动旅游产业信息化。

"一带一路"沿线的一些国家在区域旅游产业对接上已经有一定的实践。以东盟为例，东盟早在2016年即致力于整合各国旅游资源，力图打造一个独立的整体旅游市场，并设有机制化的旅游部长会议、旅游项目推介会，致力于加快地区市场一体化，加强对接"一带一路"建设。欧盟在地区一体化上走在世界前列，1948年欧盟成立了欧洲旅游委员会，统一货币，取消海关检查。《申根条约》的签订更是开辟了自由旅行的先河。2006年欧盟开放服务业，设立专门的旅游基金，重视政府、行业与企业的分工合作推动旅游一体化。

根据国家旅游局统计，2017年我国国内旅游人数超过50亿人次，收入增长15.9%，中国公民出境旅游人数13051万人次，比上年同期增长7.0%，全国旅游业对GDP的综合贡献为9.13万亿元，占GDP总量的11.04%。世界旅行与旅游理事会（The World Travel & Tourism Council，WTTC）认为，全球旅游业贡献率的上升，主要来自新兴市场需求的强劲增长，以及越来越多的消费者在旅游中增加，中国在全球旅游业的权重越来越高，到2025年，中国旅游业的投资将达2787亿美元，将取代美国，成为世界第一。随着出国旅游成为时尚以及日常生活的常态，旅游产业的对接有利于我国与沿线各国相互开展经济外交、公司外交、产业链外交。中国要以开放的心态欢迎"一带一路"沿线国家的游客、资本进入中国市场，参与"全域旅游""旅游扶贫""乡村振兴"的建设。旅游互动是经济与人文的互动，发展经验的互鉴，其落脚点在于塑造经济新生动力，增强经济发展的内外部积极要素，提升国家治理与发展能力，推动人类命运共同体建设。

（四）有助于落实联合国《2030 年可持续发展议程》

2015 年 9 月 25 日，联合国可持续发展峰会通过了《2030 年可持续发展议程》。这是对旨在消除极端贫穷与饥饿为目标的联合国千年发展目标（MDGs）的延续。全球化的发展具有显著的不平衡不充分的特征。长期以来，众多的发展中国家处于全球化的边缘位置，丧失了诸多的发展机遇，而"一带一路"正好给沿线众多的发展中国家提供了新一轮的发展机会。

由于缺乏投资，限制了一些沿线国家开发基础设施以及发展旅游产业的能力，这些国家普遍拥有原始的自然生态，绚烂的民族旅游资源，旅游业事实上成为一些国家的主要外汇来源。"一带一路"在推进基建投资的同时，亦为这些国家的旅游发展打造了基础。基建投资本身可以为东道国增加就业和税收，而与基建密切相关的旅游产业投资是带动地方发展，促进民众脱贫的一个有力手段。比如，中国在东南亚国家投资建设的铁路、高速公路、海港、水坝，为当地的交通、水电、农业发展带来实质性的改观，这些基建投资有些直接能服务游客，有些则自成风景，与市场化运作的结合将产生显著的经济效应，有效地促进了地区减贫事业的发展。

中国人口红利逐渐丧失，产业投资回报率逐年递减，生产率放缓，经济结构转型等因素共同推动了"新常态"的形成。"一带一路"项目聚焦服务民生，发展民生，旅游产业与"一带一路"的对接有助于培育中国以及沿线国家经济发展的新空间，旅游与"一带一路"建设对接将给各国带来经济发展新的"内生动力"和积极"外部性"。

湖北省作为我国中部地区的重要省份，经济份额在中部地区处于领先地位，GDP 增长和环境都名列前茅。旅游业的发展也稳步增长，其参与到"一带一路"倡议的发展中来会起到一定的示范和带动作用，成为中部地区发展的模式借鉴。

（五）综合国力增强，中国地位提升

改革开放 40 多年来，随着中国经济的崛起和腾飞，我国对外开放取得了举世瞩目的伟大成就。作为制造业大国的中国具备在多方面帮助别国的能力，不仅可以输出价廉物美、种类多样的日常用品，而且能够向世界提供更多的技术和设备。但受地理区位、发展基础、资源禀赋等因素影响，中国对外开放总体呈现东快西慢、沿海强内陆弱的格局。"一带一路"充分依靠中国与有关国家的多边机制，借助于行之有效的区域合作平台，实现中国与周边、与亚欧国家发展战略的对接，构建更加紧密的共同利益网络，进一步提升双方利益融合水平。"一带一路"将构筑新一轮对外开放的"一体两翼"，在提升向东开放水平的同时加快向西开放步伐，助推内陆沿边地区由对外开放的边缘迈向前沿。

今天，亚洲成为世界经济增长重要引擎，但同时也面临新老挑战和不进则退的压力。如何巩固亚洲和平发展局面，进一步凝聚亚洲国家共识和力量，实现整体振兴，是亚洲国家的共同课题。"一带一路"倡议在此背景下提出恰逢其时。

（六）紧扣区域发展，助推新格局

亚洲区域合作方兴未艾，有力促进了亚洲的和平发展。但需要看到的是，亚洲区域合作与欧洲和北美相比还有不小差距，特别是亚洲各个次区域之间发展不平衡、联系不紧密，对深化区域合作构成不小的阻碍。"一带一路"将中亚、南亚、东南亚、西亚等各次区域连接起来，有利于各区域间互通有无、优势互补，建立和健全亚洲供应链、产业链和价值链，使泛亚和亚欧区域合作迈上一个新台阶。"一带一路"沿线大多是新兴经济体和发展中国家，总人口约44亿，经济总量约21万亿美元，分别约占全球的63%和29%。这些国家普遍处于经济发展的上升期，开展互利合作的前景广阔。深挖我国与沿线国家的合作潜力，必将提升新兴经济体和发展中国家在我国对外开放格局中的地位，促进我国中西部地区和沿边地区对外开放，推动东部沿海地区开放型经济率先转型升级，进而形成海陆统筹、东西互济、面向全球的开放新格局。

"一带一路"涵盖中国中西部和沿海省区市，紧扣中国的区域发展、新型城镇化和对外开放，将助推中国形成全方位开放新格局——实现中国与周边、与亚欧国家发展战略的对接，编织更加紧密的共同利益网络，将各方利益融合提升到更高水平，让周边国家得益于中国的发展，也使中国从周边国家的共同发展中获得裨益和助力。

二、湖北旅游对接"一带一路"发展的现实意义

湖北在"一带一路"建设中具有重要的地位，"一带一路"倡议的实施离不开湖北的支撑作用，而"一带一路"倡议的实施对于湖北的发展同样意义重大。

（一）促进旅游兴省，发展湖北经济

在"一带一路"概念提出之前，湖北省委、省政府就已经提出要发展武汉

城市圈和鄂西生态文化圈的"两圈战略"。"两圈一带"是一个具有内在联系的完整战略体系。武汉城市圈是发展的龙头，湖北长江经济带是发展的主轴。武汉城市圈以"两型"社会为主题，旨在探索一条有别于传统模式的工业化、城镇化发展新路；鄂西生态文化旅游圈的侧重点是发挥生态文化资源优势，以大旅游业为突破口，带动经济社会全面发展，探索一条物质文明、精神文明、生态文明协调发展的新路；长江经济带则侧重于流域开发、带状开发，通过充分发挥长江"黄金水道"优势，建设现代产业密集带和水资源可持续利用示范带，探索大河流域国土开发新模式，为湖北省带来了历史性的机遇。

(二) 跟紧国家规划，彰显旅游优势

"一带一路"的重大发展构想，是时代发展的新要求，是中国亲诚惠容、和平发展理念的新体现，是推动沿线各国合作发展的新构想，同样也是旅游业发展的新视角和新重点。

国家旅游局将2015年确定为"丝绸之路旅游年"是旅游行业贯彻落实"一带一路"发展构想的重要举措。旅游业作为开放性、综合性产业，在"一带一路"发展中具有先联先通的独特优势，湖北整体工作布局应当主动作为，先动先行，努力实现"互联互通，旅游先通"。湖北主动对接"一带一路"倡议，加大旅游发展，组合包装打造"湖北—西安丝路觅源之旅"等精品产品，依托长江中游城市群区域合作发展优势，发挥湖北"金腰带"作用，做好"一带一路"与长江经济带的对接，用旅游舞活长江经济带，推动长江中上游地区和俄罗斯伏尔加河沿岸联邦区的合作发展，推动"一带一路"和长江经济带旅游的一体化发展。不仅充分彰显了湖北水陆交通便利之优势，还展示了湖北旅游资源之壮美。

(三) 加强旅游合作，共推区域发展

在2015年3月，发布《推动共建丝绸之路经济带和21世纪海上丝绸之路的愿景与行动》后，湖北主动作为，联合山西、安徽、江西、河南、湖南等省和上海合作组织睦邻友好合作委员会、中国—东盟中心，在武汉共同主办中国中部六省共建"一带一路"国际研讨会，搭建中国中部与"一带一路"沿线国家"共商、共建、共享"平台。六省与沿线国家和地区合作基础扎实，经济水平和资源禀赋高度互补，在"一带一路"建设中必将发挥分工支撑体系和市场联结枢纽等重要作用。

湖北虽然不是丝路节点省份，但是积极主动地参与可以抓住契机，搭上发展快车，走上更好更快的车道。参与"一带一路"建设，湖北不仅加强旅游经贸合作，而且积极推动旅游人文合作。目前，湖北与世界5大洲34个国家的25个省（州、大区、县）、57个城市建立了82对友好城市关系，主要集中在"一带一路"沿线各国。友城关系促进了湖北与国外地方政府和企业合作、民间交往。"一带一路"沿线对湖北友好的人士、政党、组织越来越多，近两年接待各类外国来访2万余人次，让每一位来访客人，都成为湖北的"朋友"。

第一章 "一带一路"文献综述

第一节 "一带一路"思想解读

2015年3月28日,国家发改委、外交部、商务部联合发布的《推动共建丝绸之路经济带和21世纪海上丝绸之路的愿景与行动》明确提出,政策沟通、设施联通、贸易畅通、资金融通、民心相通是"一带一路"的主要内容。

作为推动新型全球化的一项重要国际合作倡议,共建"一带一路"是不同民族、不同国家、不同政治制度、不同文明、不同宗教信仰、不同地域、不同经济发展水平国家的大合作。"一带一路"建设中不仅包括促进各国和地区经济发展的议程,还包括学术、文化交流、培训、媒体合作,人才、青年和妇女交往,从而才能赢得公众对深化双边和多边合作的支持,促进基础设施、规章制度、人员交流"三维一体"和五大领域的齐头并进。

一、"一带一路"思想的提出与发展

"一带一路"是指"丝绸之路经济带"和"21世纪海上丝绸之路"。"一带一路"是合作发展的理念和倡议,将依靠中国与有关国家既有的双边、多边机制,陆续实现基建、交通的互联互通及贸易投资的互惠等措施。在"丝绸之路"基础上对经济、人文、商贸的千年传承,并赋予其新的合作意义。在全球经济缓慢复苏和贸易保护主义抬头并存的宏观背景下,推动区域合作是实现世界经济发展的重要推力,并且已经成为一种趋势。

2013年9月习近平主席访问哈萨克斯坦期间在哈萨克斯坦纳扎尔巴耶夫大学作演讲,提出共同建设"丝绸之路经济带"的倡议。用创新的合作模式,共

同建设"丝绸之路经济带",使欧亚各国经济联系更加紧密、相互合作更加深入、发展空间更加广阔。2013年10月习近平主席访问东盟国家期间,首次提出"海上丝绸之路"设想。国务院总理李克强参加2013年中国—东盟博览会时强调,铺就面向东盟的海上丝绸之路,打造带动腹地发展的战略支点。在2014年的亚信峰会、中阿合作论坛第六届部长级会议、加强互联互通伙伴关系对话会议等众多会议上,习近平主席多次提出加快推进"丝绸之路经济带"和"21世纪海上丝绸之路"建设,在兼顾各国需求的基础上,统筹陆海两大方向,共建"一带一路",将各国潜在优势转化为多边经济增长的共同推力。2015年的政府工作报告明确将"一带一路"倡议作为经济发展的新动力,2015年3月"一带一路"倡议国家规划《推动共建丝绸之路经济带和21世纪海上丝绸之路的愿景与行动》正式出台,明确了共建原则、框架思路、合作重点以及合作机制。共建"一带一路",是中国政府对国际和地区形势变化进行了深刻思考,在面临中国发展过程中的新形势、新任务的情境下,致力于维护全球自由贸易体系和开放型经济体系,促进沿线各国加强合作、共克时艰、共谋发展提出的倡议,具有深刻的时代背景(参见表1-1)。

表1-1　　　　　　　　"一带一路"大事记

时间	内容
2013年9月	习近平在访问哈萨克斯坦期间提出共同建设"丝绸之路经济带",逐步形成区域大合作
2013年10月	习近平在出席亚太经济合作组织(APEC)领导人非正式会议期间,在印尼国会发表演讲时提出中国愿与东盟国家加强海上合作,倡议筹建亚洲基础设施投资银行,共建"21世纪海上丝绸之路"的倡议
2013年12月	习近平在中央经济工作会议上指出,推进"丝绸之路经济带"建设,建设"21世纪海上丝绸之路"
2014年5月	习近平在亚信峰会上指出中国将同各国一道,加快推进"丝绸之路经济带"和"21世纪海上丝绸之路"建设,尽早启动亚洲基础设施投资银行,倡议构想进入实施阶段
2014年12月	丝路基金有限责任公司在北京注册成立并正式运行。丝路基金秉承"开放包容、互利共赢"的理念,为"一带一路"框架内的经贸合作和双边多边互联互通提供投融资支持
2015年3月	政府工作报告则明确将"一带一路"倡议作为经济发展新动力
2015年3月	《推动共建丝绸之路经济带和21世纪海上丝绸之路的愿景与行动》发布,从时代背景、共建原则、框架思路、合作重点、合作机制等方面对"一带一路"倡议进行阐释

续表

2015年12月	亚洲基础设施投资银行正式成立，这是全球首个由中国倡议设立的多边金融机构，重点支持基础设施建设，促进亚洲区域的建设互联互通和经济一体化进程
2016年11月	在第71届联合国大会上，"一带一路"倡议被写入联合国决议
2017年3月	"一带一路"写入联合国决议；"一带一路"成博鳌论坛热点
2017年5月	"一带一路"国际合作高峰论坛在北京举行，主题包括"加强国际合作，共建'一带一路'，实现共赢发展"
2017年6月	国家发改委、海洋局联合发布《"一带一路"建设海上合作设想》，这是中国政府首次就推进"一带一路"建设海上合作提出中国方案，向国际社会阐释共建"21世纪海上丝绸之路"的核心理念，深化与沿线国家的海上合作
2017年10月	中国共产党第十九次代表大会将"一带一路"建设等内容写入党章，体现了中国共产党高度重视"一带一路"建设、坚定推进"一带一路"国际合作的决心和信心，同时也彰显了"一带一路"建设的重要性
2018年	开行中欧班列，强化"一带一路"建设金融支撑，"一带一路"建设合作领域选择，带动人民币"走出去"，为不同参与"一带一路"建设的主体提供支持等合作全面展开

由此可以看出，"一带一路"5年多的建设，使国际和国内对"一带一路"的构想不断明晰和深入，通过多方的努力，倡议的接受度不断扩大，所取得的成果不仅局限于朋友圈的扩大、投资贸易额的增长等"硬件"方面，还包括"民心相通"等"软件"领域所取得的成果，归根结底是要造福各国人民，让一个个普普通通的民众得到实惠。

二、"一带一路"倡议的主要内涵

"一带一路"的根本目的是通过互惠互通，实现互利共赢，可以归纳为以下三个主要观念的转变。

（一）新的文明观

两条丝绸之路首先是一个由铁路、公路、航空、航海、油气管道、输电线路和通信网络组成欧亚地区综合性、立体化、互联互通的交通网络，沿这个交通网络形成相应的产业集群，通过产业集群的辐射带动效应形成制造、能源、冶金、金融、通信、物流、旅游综合发展的经济走廊。"一带一路"是以中国资本、中国技术换取欧亚大市场，推动中国制造成为国际标准，见证着中国从农耕文明到工业、信息文明的转型。"一带一路"实现了中国十几个省份与亚非拉广大地区进行对接，并延伸到南太平洋地区，将世界与中国连接成为一个整体。"一带一路"既能实现传统陆上文明协调发展，又能推动海洋文明融合发展，使得世界陆海文明共同发展，推动中国成为海陆兼备的文明型国家。

《推动共建丝绸之路经济带和21世纪海上丝绸之路的愿景与行动》指出：共建"一带一路"旨在促进经济要素有序自由流动、资源高效配置和市场深度融合，推动沿线各国实现经济政策协调，开展更大范围、更高水平、更深层次的区域合作，共同打造开放、包容、均衡、普惠的区域经济合作架构。因此，共建"一带一路"符合国际社会的根本利益，彰显出人类社会对共同理想和美好生活的追求，体现了对国际合作和治理模式的不断探索，将为世界和平发展增添新的正能量。《推动共建丝绸之路经济带和21世纪海上丝绸之路的愿景与行动》中所蕴含的"共商、共建、共享"的中国理念，体现了中国智慧，展现了中华文明的自信与自觉。

（二）新的义利观

"一带一路"的核心目标是要以自身对外开放实现其他贸易伙伴在服务、技术、货物、投资等领域的联通，在对外开放大格局上以积极主动的方式去创造自身发展的空间；充分利用全球化的有利形势，打造升级版的国家经济，提升整体制造业水平，促进中国商品与服务参与国际竞争，实现我国"引进来"和"走出去"的发展思路，并在此基础上树立我国在对外合作中所践行互利共赢的"义利观"。

"一带一路"倡议中将分享的概念贯穿在经济交往的全过程中，使得中国发展的红利更多惠及其他国家，同时也需要注意换位思考，运用恰当合理的语境去谈合作、谈共赢。未来，要坚持以正确的"义利观"作为实践指导，大胆借鉴发达国家经验，树立大国思维，充分利用游戏的规则，敢于"先提、先试、先让"国际经济贸易新规则。同时需要还原"丝绸之路"真实历史，传播"一带一路"的和平本质，传播我国所倡导的正确义利观。

（三）新的发展观

历史经验表明，经济增长最具潜力的地区往往是最不发达的地区。亚欧大陆的中间地带就是世界经济最不发达的地区之一，尽管这一地区拥有世界上最丰富的自然资源，但是经济表现却一直不稳定。由于基础设施较为匮乏，导致这些地区很难将自身的资源优势发挥出来。亚欧大陆又与我国的西部地区接壤，因此我国西部地区开发的重点在于对外开放，开放首先面对的就是亚欧大陆的中间地带。因此，这个地区成为中国对外开放的发展选择。随着中国与俄罗斯、印度、沙特、伊朗、土耳其、哈萨克斯坦等非传统贸易伙伴国的贸易额迅速增长，其发展的巨大潜力也不断显现。2013年，中国成为俄罗斯的第一大进口来源国，中国也是哈萨克斯坦的第一大贸易伙伴、第二大出口市场和第一大进口来源地。2013年，中国与土耳其双边货物进出口额就为283.2亿美元，同比增长17.4%，同时也是土耳其第二大进口来源地。但是这些贸易伙伴与日本、德国相比，他们的贸易总额小、贸易不稳定、贸易不平衡的问题也存在，尽管也存在一定贸易衰退的现象，但是进一步与其展开合作的潜力大。因此，"一带一路"构想的提出，也体现出我国新一代领导人对未来世界发展、对对外开放、对中国经济增长的宏观把控。

"一带一路"是在跨越式理论发展的指导下，积极主动转变发展思路，坚持政策创新。在对自身实力充分认识的基础上，更加明确、更加主动、更加积极、更加自信地寻找更大的发展空间、更广的外部资源、更深的技术合作、更先进的发展和管理理念。

当今中国与世界高度关联，政治、经济、文化等各方面往来密切，实现中国经济全面协调可持续发展要坚持对外开放的基本国策，同时要提高沿海对外开放的水平，深化内陆和沿边开放，实施向西开放，构建全方位开放新格局，深度融入世界经济体系。

中国的发展需要世界，世界的发展也需要中国。共建"一带一路"是顺应世界多极化、经济全球化、社会信息化发展潮流的必然，能够有效促进经济要素自由流动、资源高效配置以及实现市场的深度融合，推动沿线国家经济与政策相互协调，维护全球自由贸易体系和开放型世界经济。

第二节　相关研究综述

一、"一带一路"相关研究

"一带一路"的倡议自从2013年提出之后，就受到广泛的关注，从提法用词到内涵表述的讨论和研究就没有停止。从国内外官方网站到各大小新闻网站，从机构研究成果到学术专业文章，从行业报告到我国国家课题选题，"一带一路"不可避免地成为高频词。

（一）资讯研究现状

从最大的中文搜索引擎百度的搜索趋势（见图1-1）可以看出，对于"一带一路"的报道和关注度自2013年开始缓慢上升，出现了两次小高峰和一次超过25万次的大高峰，分别出现在2014年9月到2015年8月；2017年3月至11月和2019年2月到9月，其关注趋势与"一带一路"的大事件的发生具有较高的吻合性。第一次关注高峰，凸显出"一带一路"受到媒体追捧的原因主要在于该提法的创新，超出了国内外相关政府和人民的意料，使得网络舆情关注度提高，争议也不断。2017年的大高峰趋势，是在该倡议伴随2015年的国内外对"一带一路"认识的清晰化和认知的深化所表现出来的。2019年的舆情关注主要集中在"一带一路"提出5年多所带来的变化和实际举措所产生的成果。

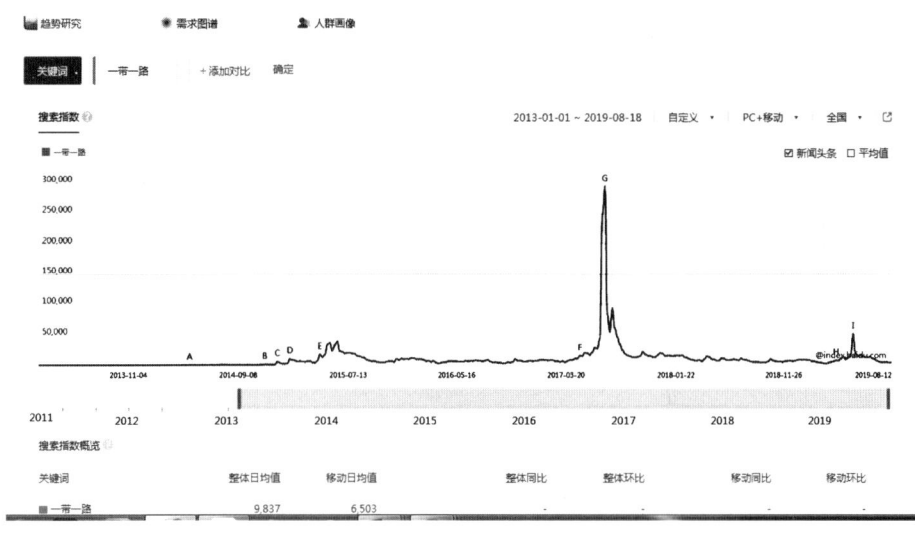

图1-1 "一带一路"舆情趋势图

（来源：百度指数官网）

2017—2019年对"一带一路"的资讯关注度的平均值线（见图1-2）可以看出，资讯的关注度呈现出较为稳定的走势。

同时在搜索需求方面（见图1-3）表现出来，人们关注的关键词主要是在"一带一路"含义及其相关内容，获得的主要途径由比较单一的腾讯和优酷等，拓展到更多的渠道和媒体平台，如 bilibili。从而可以看出，关注的人群也不断扩展到年轻人和青少年，这种低龄化的趋势，反映出更多人群对"一带一路"的认识和理解的加深。

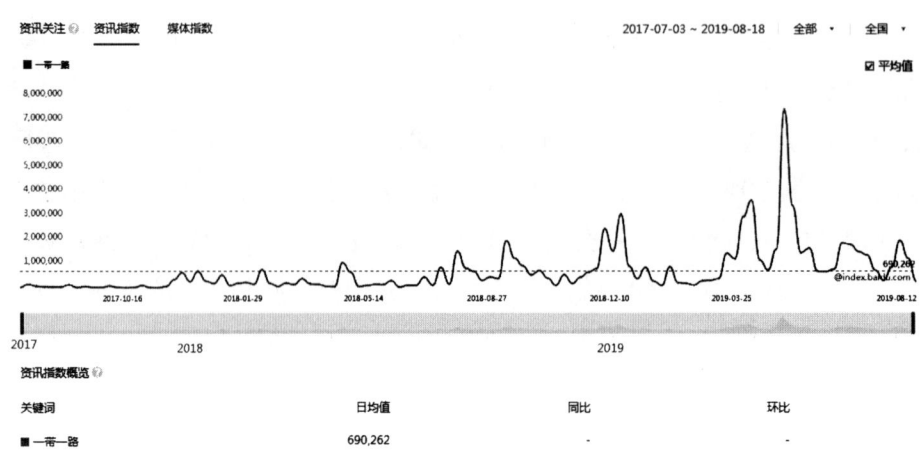

图 1-2 "一带一路"资讯关注图

（来源：百度指数官网）

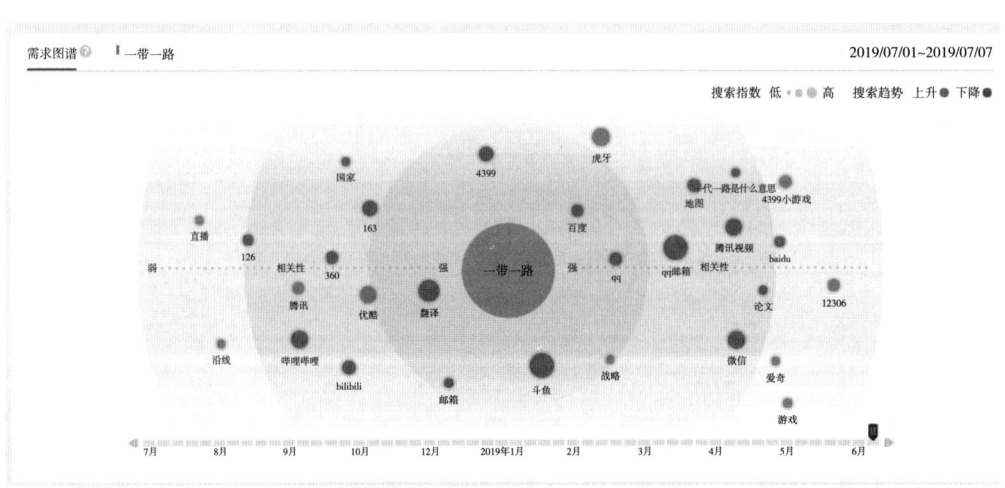

图 1-3 "一带一路"需求图谱

（来源：百度指数官网）

通过对搜索"一带一路"关键词的前后来源和去向的搜索相似度（见图 1-4）可以发现，两者具有较高的相似趋向，从而反映出人们对"一带一路"的理解在其建设过程中不断地深化和达到统一。

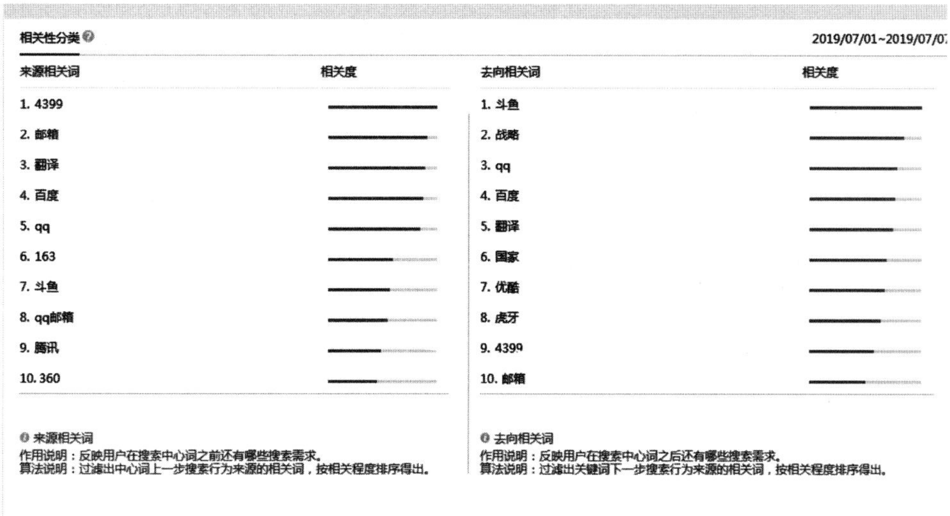

图1-4 "一带一路"相关性分类

(来源：百度指数官网)

从关注的人群画像中区域分布不难看出，北京重庆等直辖市以及广东、山东和浙江等沿海发达城市的关注度更高。而中部地区的河南、湖北省份关注度其次，由此也看出湖北省为代表的中部地区参与"一带一路"建设的意愿强烈程度。

关注人群的性别比例（见图1-5）可见二者基本相当，男性略微高出一点；年龄方面主要是中青年为主，涵盖20—39岁的人群，这与全网的人口特征是基本一致的。

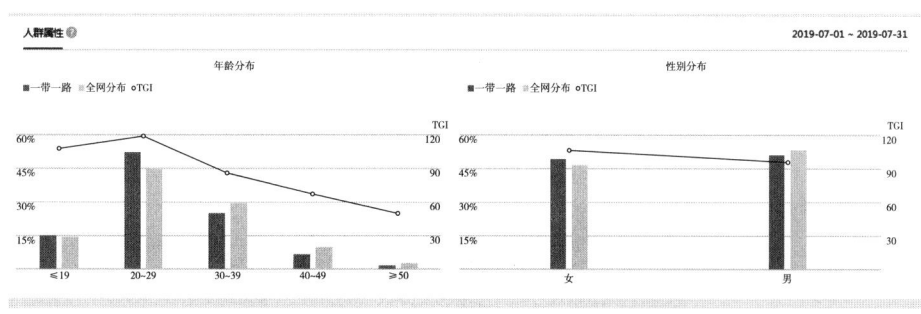

图1-5 "一带一路"人像人口特征图

(来源：百度指数官网)

从关注人群的自身背景和兴趣（见图1-6）可见，人们的行业特征和兴趣爱好比较分散，比例也比较均衡。其中咨询、教育和阅读比例比较高。而对旅游出行、餐饮美食感兴趣的人群中全网比例并不很高，但是却在关注"一带一路"方面比较突出，可见"一带一路"与旅游的关联反映是最为直接的，也是大众接受度最好的，也看出"旅游外交"的突破口的影响成效显著。

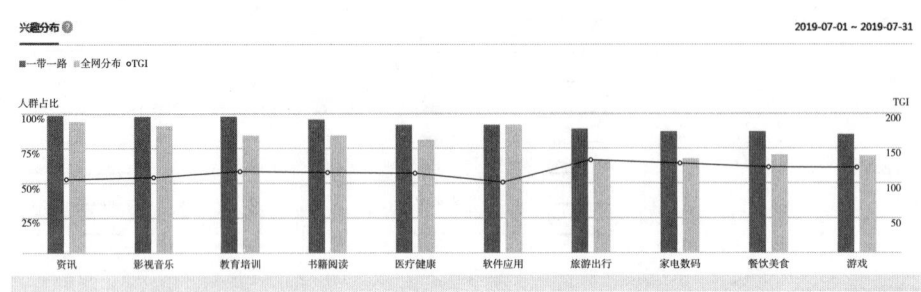

图1-6 "一带一路"人像兴趣分布图

（来源：百度指数官网）

（二）学术研究现状

学者在研究过程中对于国家政策的关注更为敏感。自"一带一路"倡议提出以来，很多学者敏锐地发现，"一带一路"大有可为，带来的相关学术热点研究也不断扩展。以最大的中文数据库"知网"为例。以"一带一路"为关键词搜索发现共有9293条搜索结果，主要集中在2014—2019年，平均每年达近2000篇相关的文章和学术观点发表量（见图1-7）。

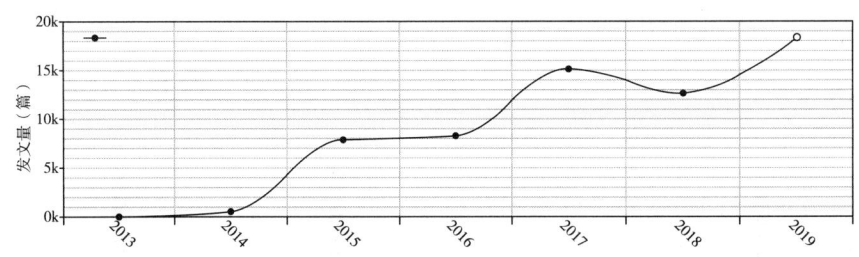

图1-7 "一带一路"知网检索总趋势图

（来源：CNKI）

对"一带一路"研究层次图（见图1-8）可以发现主要的研究集中在基础研究、行业指导和对策研究三方面，并且研究的层次主要是国家社科课题关注面。这符合了国家社科作为国家基金课题与国家战略政策相联系的特点。国家社科的研究立项高达 2354 项，国际自然科学基金项目仅次于社科基金，达到 722 项，仅自然科学基金项目数量就达到了余下其他基金项目的总和。

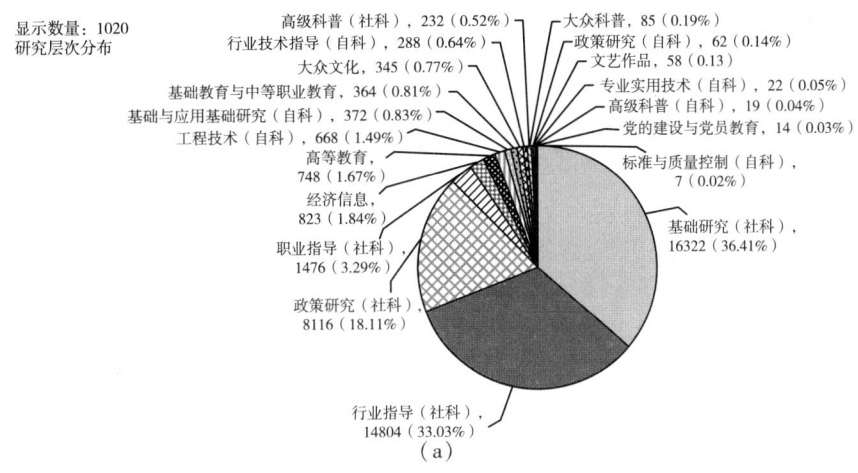

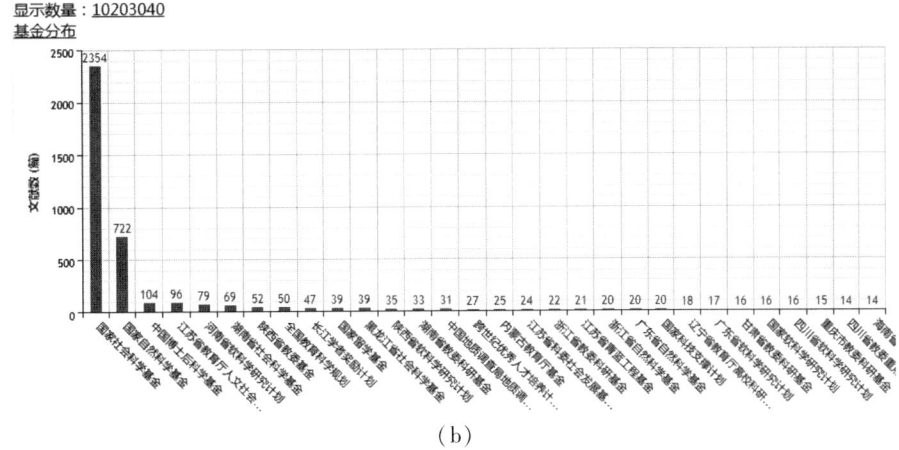

图 1-8 "一带一路"知网检索研究层次示意图

（来源：CNKI）

关注"一带一路"研究的主要作者和单位也呈现出一定的集中性，作者的主要单位排名第一的是中国人民大学，排名前十位的作者中有四位来自中国人民大学，尤其以王义桅教授为代表，124 篇相关论文和报道居第一位，领先第二名中国国际交流中心张茉楠近 80 篇成果（见图 1-9）。

研究机构上除了中国人民大学团队外，对外经济贸易大学、北京大学、武汉大学、吉林大学等 985 院校紧随其后。中共中央党校也以 247 篇研究成果位列第六，居于清华大学、复旦大学之前。所以从排名居前的高等教育院校所处的城市来看,除了北京院校外,湖北省和吉林省的学者也对"一带一路"的话题高度关注。

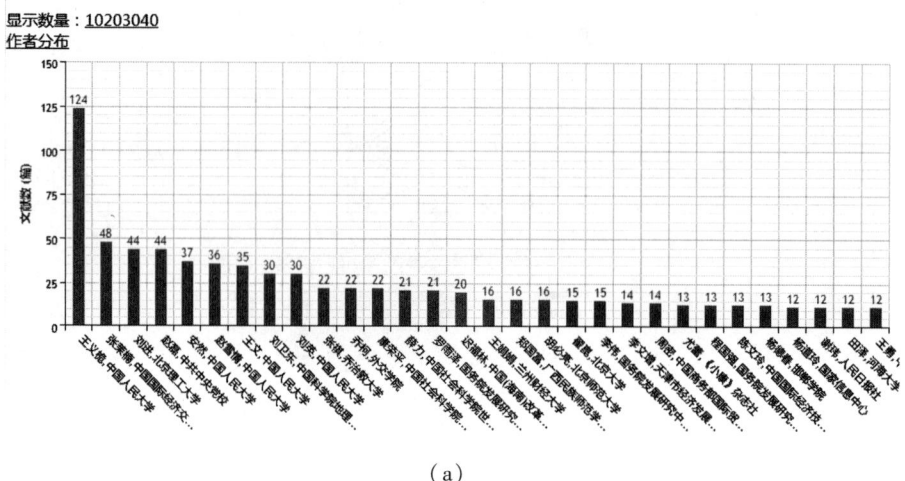

(a)

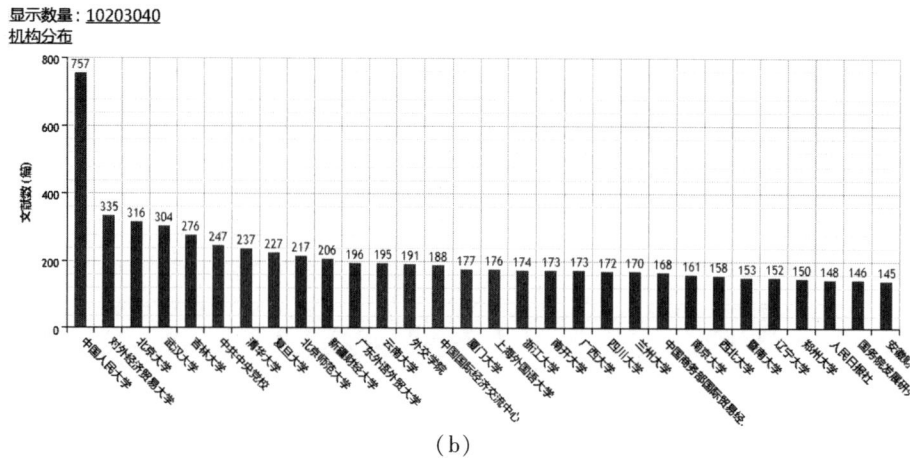

(b)

图1-9 "一带一路"知网检索研究作者及机构分布示意图

(来源:CNKI)

从研究关键词来看,用"一带一路"(包括不带引号的一带一路)作为关键词的占到90%以上,其他关键词则包括"人才培养、对策、机遇、国际化、国际贸易、经济发展"等。值得注意的是"全球治理、引力模型、互联互通"也出现在上百篇的研究成果中。

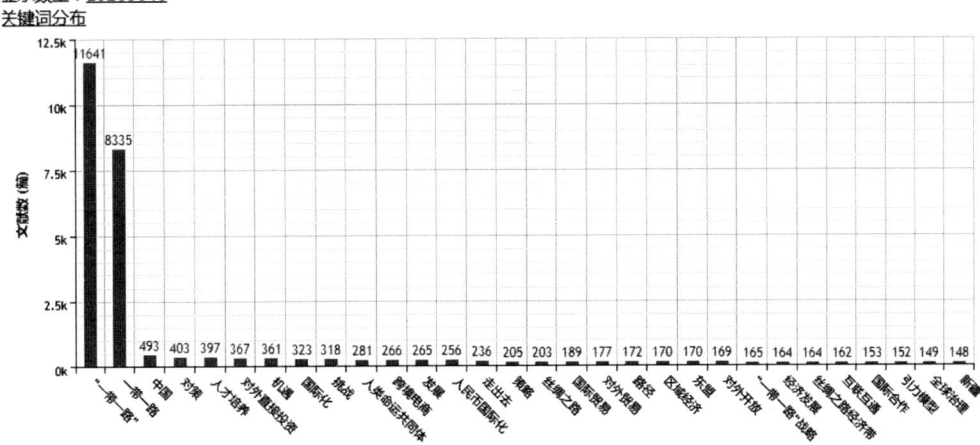

图 1-10　"一带一路"关键词分布

综上所述，无论从媒体舆论还是学者研究，"一带一路"的议题总是作为热点问题不可避免的。该倡议的提出带来了研究方向的变化值得各行各业的关注。

二、"一带一路"倡议与区域旅游发展

"一带一路"倡议提出后对旅游的促进下，随之而来的是实践中签证的便利，中欧旅游，丝路之旅等重点线路的推广。对此现象的持续研究受到了两方面的关注，一是国家和地方文化与旅游局（委）的关注，在发展定位和产业地位等方面给出了明确的表述；二是学术研究在持续的现实数据的基础上不断跟进。

（一）旅游主管部门对旅游发展的定位

根据国家文化与旅游部和相关地方文化与旅游委的官方网站整理得出下表（表1-2）可以看出，各个省份对于本省旅游发展与"一带一路"都有比较明确的定位和高度的认可。

其中丝路沿线省份主管部门多将该省份定位表述为"支点""桥头堡""重要节点""门户""核心"，表现出其省份具有一定发展高度。相应的旅游定位也多直接表述为"国家""世界""旅游目的地和集散地"等，这也看出这些区域的旅游国际化方向，不仅定位于国内，还定位于国际，表达出在入境和出境旅游方面期待更好的表现，发挥更多的产业带动作用。

表1-2　　　　　　　节点省份旅游战略定位及措施表

区域	节点	发展定位	旅游定位	措施方案
西北区域	陕西	面向中亚、南亚、西亚国家的通道、商贸物流枢纽、重要产业和人文交流基地	世界文化旅游中心、中国丝路旅游的示范窗口，新丝绸之路国际旅游交流中心	发展枢纽经济、门户经济、流动经济"三大经济"，围绕新高地和五大中心建设
	新疆	丝绸之路经济带核心区	丝绸之路经济带旅游集散中心、南疆丝绸之路文化和风情旅游目的地	打造交通、商贸、科技、金融、医疗五大中心建设
	甘肃	形成面向中亚、南亚、西亚国家的通道、商贸物流枢纽、重要产业和人文交流基地	丝绸之路黄金旅游带	加强顶层设计和制度性建设，加快国际物流大通道建设
	宁夏	形成面向中亚、南亚、西亚国家的通道、商贸物流枢纽、重要产业和人文交流基地	中阿旅游中转港、国际旅游目的地	拓宽陆路、空中、网上三大对外通道，积极融入"一带一路"经济圈
	青海	形成面向中亚、南亚、西亚国家的通道、商贸物流枢纽、重要产业和人文交流基地	丝绸之路历史文化旅游区	积极扩大开放，促进经贸、产能、人文交流
西南区域	重庆	内陆国际物流枢纽、口岸高地和开放高地	国家旅游中心城市、世界一流旅游目的地	打通三大国际贸易物流大通道，构建起东向、西向、南向、北向和航空五大国际物流通道体系
	四川	陆上丝绸之路和海上丝绸之路的交汇点	国际旅游目的地	深入实施"蓉欧+""三大发展""四项重点工程"建设，形成内外联动、东西双向互补的开放格局
	云南	面向南亚、东南亚的辐射中心	国内一流、国际著名的旅游目的地和面向南亚、东南亚的旅游辐射中心	推进与周边国家的国际运输通道建设，打造大湄公河次区域经济合作新高地，建设成为面向南亚、东南亚的辐射中心

续表

区域	节点	发展定位	旅游定位	措施方案
西南区域	广西	21世纪海上丝绸之路与丝绸之路经济带有机衔接的重要门户	"一带一路"旅游合作的新高地、对接东盟旅游的海上枢纽门户	面向东盟,以重大项目带动,拓展西南地区融入"一带一路"大格局
西南区域	内蒙古	"一带一路"陆路通道重要节点	中俄蒙旅游发展联盟、跨境旅游合作区	推进中俄蒙经济走廊建设,创新与俄蒙合作机制;大力推进基础设施互联互通;加快航空、铁路、公路基础设施建设
东北	黑龙江	东部陆海丝绸之路经济带	冰雪旅游目的地	完善黑龙江对俄铁路通道和区域铁路网,以及黑龙江、吉林、辽宁与俄远东地区陆海联运合作,建设向北开放的重要窗口
东北	吉林	连接中蒙俄经济走廊、推动与东北亚全面合作的新载体和深度融入"一带一路"建设的先行区	世界级冰雪旅游目的地和世界著名生态旅游目的地	连接中蒙俄经济走廊、推动与东北亚全面合作的新载体和深度融入"一带一路"建设的先行区
东北	辽宁	中蒙俄经济走廊的重要支撑	世界知名的特色观光和休闲度假旅游目的地	依托中蒙俄经济走廊,积极推进3大通道建设;发展跨境物流,带动贸易和投资发展;建立和完善对外经贸合作有效平台
东南	江苏	"一带一路"重要交汇节点	国际著名旅游目的地	以"五大计划"高质量推进"一带一路"交汇点建设,并提出构建江苏各地协力推进"一带一路"交汇点建设新格局
东南	上海	"一带一路"的"桥头堡"	世界著名旅游城市	提升上海自贸区金融和贸易服务能力;打造泛南海国际航空枢纽
东南	福建	"一带一路"互联互通建设的重要枢纽、海上丝绸之路经贸合作的前沿平台和海上丝绸之路人文交流的重要纽带	21世纪海上丝绸之路旅游推广联盟	以东南亚为重点区域,着力打造海上丝绸之路经贸合作的前沿平台

续表

区域	节点	发展定位	旅游定位	措施方案
东南	浙江	"一带一路"经贸合作先行区、"网上丝绸之路"试验区、贸易物流枢纽区	中国最佳旅游目的地和有较大影响力的国际旅游目的地	推进宁波—舟山港一体化,积极推进全省沿海港口、义乌国际陆港的整合与建设,积极谋划和推进港口经济圈建设
	广东	21世纪海上丝绸之路的桥头堡	南太平洋岛国旅游合作推广中心、世界旅游休闲目的地	积极参与东盟国家港口等重大基础设施建设;加快粤港澳自贸区和南沙、前海、横琴新区建设
	海南	资源开发服务保障基地和海上救援基地;海上丝绸之路的门户发展支点	国际旅游岛	加快建设"岛上海南",重点提升海口、三亚作为发展支点的支撑作用;全力推进三沙重大基础设施和公共服务设施建设,发展油气资源开发服务保障、远洋捕捞、海上旅游等特色海洋经济

(二)学术界对旅游的关注

通过使用CITESPACE软件对WOS和CNKI的搜索进行相关性分析发现,国内外数据库对旅游的研究相对成熟,而对于"一带一路"的研究主要集中于中文期刊的研究中,少量CNKI的英文,因此限制了在文献计量图谱方面的相关规律的发现,图形显示出非常分散的形式,无法得出相对比较科学的结论。

由于"一带一路"多作为研究的背景出现在文章的标题或者主题中,因此结合"旅游"作为关键词在CNKI中进行二次检索发现2185篇文献,研究趋势具有如下基本特征:

1. 标题中出现"一带一路"和旅游的论文研究重点多侧重区域旅游发展,如中俄旅游,中哈旅游,新疆旅游,甘肃旅游等。说明"一带一路"多是作为发展背景出现。

2. 对于"一带一路"旅游的论文主要集中在质性表达上,计量研究由于数据受限而不能得出比较好的框架和结论。

3. 论文侧重发展框架和影响,少了相对路径和策略的探讨,个别文章提到旅游效率研究。

三、"一带一路"背景下区域旅游量化研究

地方政府和旅游主管部门在国家大发展下对旅游发展的思考，需要数据的支撑和科学的分析，以便避免相关的旅游发展策略的选择错误。因此借鉴区域旅游发展中的量化分析方法对战略决策制定具有重要意义。

（一）旅游与空间错位

国外学者关于空间错位的研究开始得较早，内容广泛。其研究最早可追溯到 1968 年 Kain 在黑人备受歧视的时代关于黑人居住和工作的研究。Yves Zenou（2013）认为工作和居住地的不一致给工人尤其是黑人的生活造成了不便，这种空间错位让他们面临更高的失业率；Christophe Cleguer 等（2015）发现新喀里多尼亚（New Caledonia）海洋保护地域和儒艮栖息地发生了错位，原因有缺乏明确的保护目标、物种空间分布信息的缺失、预算的限制等，并提出相应的改善措施。

国内学者将空间错位理论运用于旅游领域比较普遍，主要用于发现旅游问题并据此提出解决方案。翁钢民和陈林娜（2014）对我国 31 个省的旅行服务、交通区位和旅游经济进行了空间错位方面的研究，发现问题并以此为依据提出促进我国区域旅游的和谐发展的意见；丁旭生等（2011）以河南省 18 个市作为样本，以其自然、人文旅游资源数量和旅游接待人数为测算指标，分析了河南省各市旅游业的空间错位现象，为河南省旅游的快速有序发展建言献策；陈磊等（2014）以山东省 A 级景区数量和入境旅游人次为测度指标，运用重力模型和二维矩阵模型从宏观和微观上分析了山东旅游发展的错位现象。

国外关于空间错位的研究内容广泛，涉及黑人居住、就业、城市空间发展、生态等各方面。国内近年兴起的将空间错位理论运用于旅游领域取得了一些成果，对各地旅游业的均衡发展也起到了一定的推动作用。

（二）旅游品牌演化

张颖（2003）指出品牌化是一种把自己的一项或一系列产品同竞争对手的产品区别开来的一种方法，并提出依据实物商品的三类品牌形象概念创造的基本原理，结合旅游经历的特殊性，对旅游目的地进行品牌化；Ritchie（1988）认为目的地品牌是用名称、符号、标志或其他图形系统来识别和区分其他的目的地，特别强调了目的地品牌传达出对于旅游的承诺。旅游目的地品牌化则表

现为一个旅游目的地一系列知名度、美誉度、忠诚度不断形成、强化的动态过程。以美国市场营销学家菲力普·科特斯（2005）为代表的学者们认为，品牌依附于产品这个实体，它的发展过程可以划分为导入期、成长期、成熟期与衰退期4个阶段。旅游目的地品牌必须要通过市场化运作才能被游客熟知，而旅游目的地品牌营销重点在于如何把旅游目的地美好的形象展示给旅游者，从而在旅游者心中形成联想进而产生实际购买行为。王鉴忠（2011）等认为游客体验是目的地品牌化的内在驱动力，从游客体验的角度研究目的地品牌化具有重要的理论和实践价值。宁德煌（2010）详细论述了如何有效利用博客进行目的地品牌营销。王跃伟（2009）等对目的地游客量演化状态方程曲线和目的地品牌流行度演化速度方程曲线进行推测，得到了图 1 – 11。

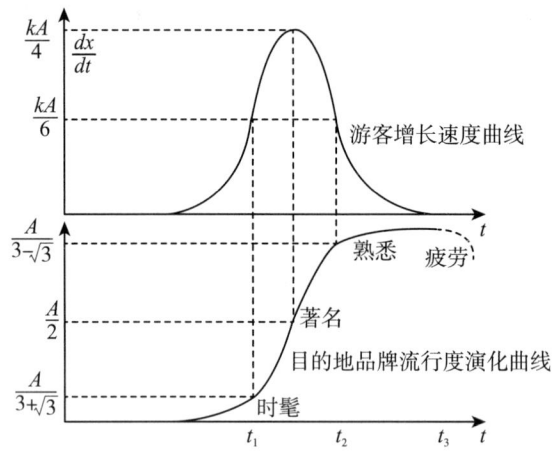

图 1 – 11　目的地品牌流行度演化阶段

由图可知，游客到访量是呈 S 曲线波动的，演化过程可以分成四个阶段：①$X_t \subset (0, t_1)$，即时髦阶段这是旅游目的地品牌演化起始阶段，游客量呈指数增长的趋势。②$X_t \subset (t_1, t_2)$，即著名阶段，这是旅游目的地品牌演化快速发展阶段，游客增长速度呈线性增长的趋势。③$X_t \subset (t_2, t_3)$，即熟悉阶段，这是旅游目的地品牌演化缓慢发展阶段，游客量增长速度降低，发展的动力相对减弱。在熟悉阶段由于旅游目的地接纳游客的能力趋于饱和，加上旅游目的地对游客而言新鲜度弱，吸引重游的能力不足，游客开始转向其他的旅游目的地。④$X_t \subset (t_3, +\infty)$，即疲劳阶段，游客量增长速度递减，游客量增长变得越来越慢，越来越接近完全停止状态。由于游客对于旅游目的地的熟知，重游的需求取决于自身体验和旅游目的地声誉，旅游目的地品牌的吸引力也在降低，受到外在影响旅游目的地品牌演化不可避免地会进入疲劳时期。面对疲劳时期和市场竞争，旅游目的地需要不断更新，要保持与时代同步，与游客需求同步。

通过上述分析可知当前的研究集中在对旅游目的地品牌定义、品牌化表现、品牌发展阶段、品牌管理等方面进行阐述。

（三）旅游资源评价

旅游资源评价是指按照标准来对某一旅游目的地的旅游资源在同类旅游资源或全部旅游资源中的地位评价，通常以纵向和横向两个层面进行比较来确定旅游资源的开发价值和重要程度。

科学地评价旅游资源在国外已有30多年历史，在我国也有10多年的历史了，形成了不同的学派和评价的方法。主要分为定性和定量方法两种。

1. 定性方法

定性研究法是一种描述性评价方法，又称为经验法，是指评价者在广泛收集旅游资源要素信息的基础上，凭借以往的经验和感性认识来判定旅游资源的价值。一般采用民意测验法和专家评议法。

（1）卢云亭的"三三六"评价法。"三三六"即"三大价值""三大效益"和"六大开发条件"。三大价值指历史文化价值、艺术观赏价值、科学考察价值；三大效益指经济效益、社会效益和环境效益；六大条件指景区的地理位置和交通条件、景物或景类的地域组合条件、景区旅游容量条件、施工难易条件、投资能力条件、旅游客源市场条件。

（2）黄辉实的"六字七标准"评价法。黄辉实提出的"六字七标准"评价法，主张从资源所处的环境和资源本身来对其进行评价，基于旅游资源所处的环境进行评价的标准有七项，分别是：季节性、污染状况、资源联系、可进入性、基础结构、社会经济环境、客源市场；基于资源本身进行评价的标准有六项，分别是：美、特、奇、名、古、用。

（3）体验性的定性评价法。此类评价方法是评价主体（旅游者或行业专家）依据个人体验感知对旅游资源进行评价，根据评价者对旅游资源评价的深入程度、评价结果的形式，又可以进一步的划分为一般体验性评价和美感质量评价。

一般体验性评价是指旅游者或行业专家对旅游资源（旅游目的地）进行优劣排序，或是统计旅游资源（旅游目的地）在旅游报刊、旅游书籍等出现的频率，从而确定一个国家或者一个地区最佳旅游资源（旅游目的地），根据旅游者、旅游专家的排序和频率统计，能够反映出旅游资源（旅游目的地）的整体质量和大众知名度。

美感质量评价是指对旅游资源进行美学价值上的专业性评估，一般是旅游者或行业专家在一般体验性评价之后再进行深入分析，建立规范化的评价模型，得出的评价结果具有可比性。美感质量评价中对于自然风景视觉质量评价较为成熟，目前比较公认的有四个学派，即：专家学派、心理物理学派、认知学派（心理学派）、经验学派（现象学派）。

2. 定量评价方法

定量评价法是指评价者在掌握大量数据资料的基础上，运用科学的统计方法通过简历数学模型、计算、结果分析，使用清晰的数量关系来表示旅游资源及其环境等级的方法。数量化是现代科技发展的趋势。

（1）技术性单因子定量评价法。技术性单因子定量评价法是指在进行旅游资源评价时，集中考虑旅游资源的功能中某些起决定作用的因素，并对这些因素进行优劣评价或适宜性评价。这种评价方法中会运用大量技术性指标，仅限于对能够衡量的自然资源进行评价，特别是对于开展专项旅游活动，如登山、滑雪、游泳等较为适用。目前较为成熟的有旅游湖泊评价、海滩评价、海水浴场评价、康乐气候评价、溶洞评价、滑雪旅游资源评价、地形适宜性评价等。

（2）综合性多因子定量评价法。综合性多因子定量评价法是在综合考虑多个因子的基础上，通过数学建模，利用数理分析来对旅游资源进行综合性评价。通常采用数量指标，对评价结果进行展示与比较，呈现结果具备客观性、准确性和全面性的优点。这类评价方法非常多，有层次分析法、熵值法、指数表示法、美学评分法、综合评分法、模糊数学评价法、价值工程法、综合价值评价模型法、观赏型旅游地综合评估模型法等。

（3）国家标准综合评价法。国家标准综合评价法实际是一种定性与定量相结合的方法，如国家标准（GB/T18972-2003）《旅游资源分类、调查与评价》所使用的就是这种方法。这种评价方法会对旅游资源共有因子综合评价进行综合赋分评价和附加值赋分评价两部分组成。首先根据对旅游资源单体的评价，得出该单体旅游资源共有综合因子评价赋分值和附加值赋分值，二者之和为该单体评价总分值。根据评价结果，将旅游资源划分为五个等级，其中五级旅游资源称为"极品级旅游资源"；四级、三级旅游资源被通称为"优良级旅游资源"；二级、一级旅游资源被通称为"普通级旅游资源"。

第三节　研究方法与思路

一、文献分析法结合量化可视辅助

通过阅读大量关于政策对旅游的影响、空间错位理论在旅游中的运用的相关文献，结合现今学者对"一带一路"倡议的思考与研究以及"一带一路"倡议提出的时代背景，借鉴前人的研究方法，在现有成果的基础上对湖北省在"一带一路"建设的契机下发展旅游业的重难点及突破点进行研究。

虽然选题具有较强的区域性，行业涉及面比较狭窄，但是由于"一带一路"倡议的提出时间并不长，有利于学者对所有相关成果的梳理。因此在综述相关研究问题的时候，收集多方面的数据进行论证。如：对政府官网旅游发展定位的表述整理，对媒体舆论的大数据分析，人像图谱的运用等。从而提高论证的科学性和可信度。

二、实证研究方法的综合运用

本书研究过程中由于涉及地方旅游资源的普查与评价，作为分析的基础，同时也要在空间上和时间的发展和对接上思考选择，因此，在传统的波特模型的运用中加入了 AHP 对资源的层次分析方法，在空间上侧重对节点城市的错位分析和科学确定以及对于湖北省作为旅游目的地的发展脉络在时间上表现出来的不同阶段性的分析。因此不得不对湖北省旅游发展进行多方面的验证。

（一）空间错位分析方法

湖北省位于中国中部，素有"九省通衢"之称，交通通畅，资源富足，旅游发展迅速。但在这样的表象下还隐藏着许多问题，如旅游发展的不平衡、旅游环境的破坏等，解决这些问题需要科学的方法指导。旅游丰度指数由某地 A 级景区的数量推导而来，而 A 级景区的评定本身又包括了旅游交通、景区标识、游客服务等基础设施，所以是衡量一个地方旅游资源丰富程度的有效指标。旅游质量指数通过旅游收入和旅游人数可以看出一个地方由旅游资源吸引而来的客流能否转化为经济优势。联合这两个指数就可以从量化的角度得出该地的旅游资源是否得到了充分的利用。就本地自身的各种条件而言，如果有的地方资源没有完全利用，就会出现错位，拉大地区发展的距离。重力模型和二维矩阵模型的运用可以具体分析出哪些市州存在错位现象，从而提出改进意见，改善地区发展的不平衡。

1. 测度对象的选取

一个地区旅游资源的丰富程度就是旅游资源的个数多少，包括自然风景区和历史文化风景区。优质的旅游风景区国家和地方政府会将其评级，中国的旅游景区分为五个等级，等级越高表示其旅游资源越稀缺、越独特。A 级景区的评定标准包含各个方面，除了旅游景色景物本身的优劣以外，还包括旅游交通、游客服务、配套的基础设施等。所以本书选用以 A 级景区的数量为基础的旅游丰度指数来判断一个地方的旅游丰度。

判定一个地区旅游发展的质量，需要引入旅游收入和旅游人数两个因素。虽然旅游收入的多少可以大体上衡量该地区旅游业发展的好坏，但同样的旅游收入由不同的旅游人次引起，其效果是不一样的，不便于比较不同地方旅游发展的状况。若较少的客流量能够带来较高的旅游收入，则该地区旅游质量高；反之旅游质量就低。所以，这里选用由旅游收入和人数共同决定的旅游质量指数作为另外一个测度指标。

2. 测度模型的选取

重力模型和二维矩阵模型是两个主要用来测量空间错位的工具，重力模型侧重于宏观方面，二维矩阵模型侧重于微观方面。本书先从宏观上大致了解湖北省旅游总体存在的问题，再从微观上具体分析不同市州的具体情况以及出现这些问题的原因，然后结合"一带一路"建设对症下药，根据各市不同的旅游发展层次给以不同的政策建议。两者结合，使得研究思维更加严谨、逻辑更加严密。

本书中以"一带一路"建设为背景，对湖北省旅游的收入、政策等现状和旅游空间错位情况进行了分析，然后根据分析结果将湖北省各市州分为不同层次，最后分别为不同层次的市州提出了对接"一带一路"建设的政策建议。

（二）品牌演化 Logistic 分析

长期的应用表明，Logistic 模型用来刻画经济变量之间的关系，能较好地描述某些有界增长现象，在预测学、信息科学、生物学、农业学和经济学等领域都有较广泛的应用。由于很多经济系统在其生存与发展过程中受到其自身的生长能力和资源环境的制约，从而其演化过程呈现出有限性的特征。目的地品牌发展的主要驱动力是游客与目的地之间的情感联系，其演化过程呈现 S 形曲线增长，目的地与游客之间关系的演变必然受到它的影响。

本书中以湖北省为实证研究对象，在借鉴王跃伟（2009）划分的旅游目的地品牌演化阶段基础上，对湖北省旅游品牌演化阶段进行时间和空间双重维度的分析和定量模拟预测，根据其不同的发展阶段和发展特征提出相应的发展建议，对政府和企业管理者在对目的地品牌发展阶段判断和营销策略制定上提供一定的依据和参考。

（三）层次分析法（AHP）

20 世纪 70 年代中期由美国运筹学家托马斯·塞蒂（T. L. Saaty）正式提出层次分析法（The analytic hierarchy process，AHP）。这是一种定性和定量相结合的、系统化、层次化的分析方法。由于它在处理复杂的决策问题上的实用性和有效性，很快在世界范围得到重视，它的应用已遍及经济计划和管理、能源政策和分配、行为科学、军事指挥、运输、农业、教育、人才、医疗和环境等领域。其主要步骤如下：

（1）建立层次结构模型。在深入分析实际问题的基础上，将有关的各个因素按照不同属性自上而下地分解成若干层次，同一层的诸因素从属于上一层的因素或对上层因素有影响，同时又支配下一层的因素或受到下层因素的作用。最上层为目标层，通常只有 1 个因素，最下层通常为方案或对象层，中间可以有一个或几个层次，通常为准则或指标层。当准则过多时（譬如多于 9 个）应进一步分解出子准则层。

（2）构造成对比较阵。从层次结构模型的第 2 层开始，对于从属于（或影响）上一层每个因素的同一层诸因素，用成对比较法和 1—9 比较尺度构造成对比较阵，直到最下层。

（3）计算权向量并做一致性检验。对于每一个成对比较阵计算最大特征根及对应特征向量，利用一致性指标、随机一致性指标和一致性比率做一致性检验。若检验通过，特征向量（归一化后）即为权向量；若不通过，需重新构造成对比较阵。

（4）计算组合权向量并做组合一致性检验。计算最下层对目标的组合权向量，并根据公式做组合一致性检验，若检验通过，则可按照组合权向量表示的结果进行决策，否则需要重新考虑模型或重新构造那些一致性比率较大的成对比较阵。

三、研究思路

全书从"一带一路"倡议现实背景分析,深入理解"一带一路"与旅游发展之间的关心,围绕湖北省对接"一带一路"建设现状,立足省情民情,坚持长短结合、目标导向、问题导向,聚焦湖北省对接"一带一路"建设研究,遵循"背景研究—文献分析—数据采集—专题研究—政策体系—成果总结"的基本思路,以湖北省旅游资源的评价为起点,运用产业融合理论、空间错位理论、生命周期理论等多学科的理论与方法,强调实地调研与咨询交流,深入分析湖北省对接"一带一路"发展过程中的薄弱环节和突出问题,提出科学的政策建议和有效的解决方案,供政府借鉴参考。

具体思路(见图1-12)如下:

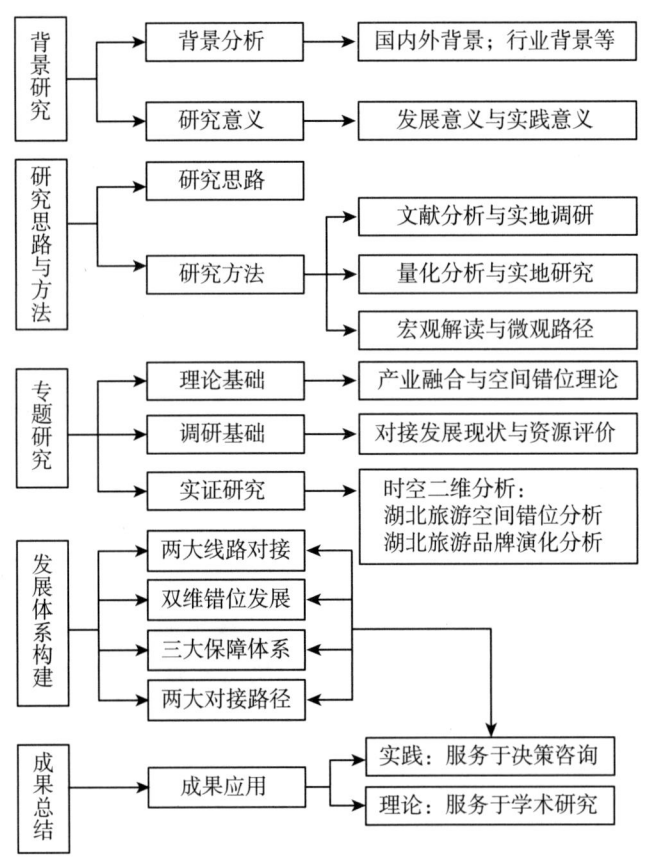

图1-12 研究思路图

第二章　湖北省旅游对接现状分析

第一节　湖北省旅游发展效益

一、总体发展稳健，区域差距逐渐缩小

湖北省旅游资源丰富，品类齐全，旅游经济保持稳定增长。2017年全省接待旅游者6.39亿人次，同比增长11.5%，其中接待入境旅游353万人次，居中部第一；实现旅游总收入5514亿元，首次突破5000亿元大关，同比增长12.8%。抽样调查数据显示，湖北省人均出游已达3.9次，人均旅游消费从2011年的411元增至2017年的877元，旅游已经成为提升人民群众生活幸福指数的重要指标。此外，旅游业对相关产业的贡献能力也十分显著，对全省国民经济的综合贡献率达11.09%，对住宿业的贡献率超过80%，对民航和铁路客运业的贡献率超过80%，对文化娱乐业的贡献率超过50%，对餐饮业和商业的贡献率超过40%。同年，湖北省全年完成旅游投资1034亿元，同比增长12.3%，带动相关行业投资4250亿元，占全省固定资产投资的12.8%。新签约旅游项目513个，总投资5011.63亿元。旅游业有效拉动投资，特别是吸引了大量民营资本。除了传统的景区和酒店项目外，各类资本通过旅游的桥梁进入城市建设、乡村振兴、城乡统筹发展等领域，为一大批重大旅游项目的落成提供了强有力的支撑和保障。

湖北省在"十二五"期间，旅游总收入跃居全国第十位，旅游总人次居全国第八位，旅游经济总量位居全国前列，迈入"旅游业第一军团"。旅游产品更丰富，景区设计、保护不断提高，除了景区，全省旅游基础设施建设、旅游配套服务、旅游产品等都在提档升级。随着实施的"厕所革命"，让全省各重点景

区、旅游道路等旅游厕所焕然一新,从细节出发,让湖北省旅游产业更精细,更完善,更具竞争力。"十二五"期间,湖北省新的旅游产品和旅游业态越来越多,已初步形成了观光、休闲、度假相结合的旅游产业体系,助推了一、二、三产业的转型升级。

由2000—2016年湖北旅游数据可知,在这15年的时间里湖北旅游发展速度迅猛,由2000年旅游总收入2822600万元增加到2016年突破4000亿元,省内接待入境旅游人数也由最初的45万人次增加到了338万人次,增长了8倍有余,同时国际外汇收入也成功突破8亿美元。分析相关数据可知,旅游收入占GDP总量的比重整体呈现平稳增长趋势,2003年占比9.67%,比2000年提高了1.71%,在随后的6年时间内,湖北旅游总收入与GDP总量比值一直维持在7%左右,从2009年开始,旅游总收入占GDP的比例逐渐增加,到2016年已经达到了15.08%。湖北旅游产业已经从支柱型产业发展成为了主导型产业。

表2-1反映了湖北省国内旅游收入和接待的旅游人次的变化情况。2008—2016年湖北省内旅游收入与旅游人数的同步变化,2008—2010年增长率逐渐变大,后几年增长速度放缓,这与国家整体经济环境有关。

表2-1　　　　　　　　1996—2016年湖北省旅游总收入

年份	旅游总收入		相当于全省	
	（亿元）	增减%	占GDP比重（%）	占产业增加值（%）
1996	163.24	—	6.53	18.99
1997	193.92	18.79	6.79	19.07
1998	217.27	12.04	6.98	19.11
1999	247.11	13.73	7.65	19.60
2000	282.26	14.22	7.96	19.52
2001	353.64	25.29	9.11	21.91
2002	407.52	15.24	9.67	22.69
2003	342.77	-15.89	7.20	17.11
2004	410.00	19.61	7.28	17.88
2005	473.15	15.40	7.26	18.00
2006	539.74	14.07	7.12	17.55
2007	640.87	18.74	6.94	16.49

续表

年份	旅游总收入		相当于全省	
	（亿元）	增减%	占GDP比重（%）	占产业增加值（%）
2008	744.19	16.12	6.57	16.22
2009	1004.48	34.98	7.83	20.06
2010	1460.53	45.40	9.24	24.78
2011	1992.89	36.45	10.17	27.65
2012	2629.54	31.95	11.82	32.02
2013	3205.61	21.90	12.99	34.11
2014	3752.11	17.05	13.71	33.06
2015	4308.76	14.84	14.58	33.83
2016	4888.51	13.45	15.00	33.00

表2-2反映了湖北省境外旅游收入和旅游人数的变化情况。相对于国内来说，国际环境更为复杂，影响旅游发展的因素较为多样，因此导致国际旅游增长较为缓慢且不稳定。能够吸引国际游客的一般是著名的旅游景点，就这一点来说，湖北省的大多数旅游景点知名度还不够。

表2-2　　　　1986—2016年入境旅游人数、外汇收入

年份	入境旅游			外汇收入		
	人数（人次）	增减%	全国排名	收入（万美元）	增减%	全国排名
1986	105300	24.47	—	1166.00	15.61	—
1987	122390	16.23	—	1545.00	32.50	—
1988	113051	-7.63	—	1411.75	-8.62	—
1989	81781	-27.66	—	1085.45	-23.11	—
1990	155734	90.43	—	2263.18	108.50	—
1991	170121	9.24	13	2350.00	3.84	15
1992	273014	60.48	12	4432.16	88.60	15
1993	230883	-15.43	14	4588.88	3.54	15
1994	247212	7.07	12	6211.42	35.36	15
1995	270890	9.58	13	7316.86	17.80	17

续表

年份	入境旅游			外汇收入		
	人数（人次）	增减%	全国排名	收入（万美元）	增减%	全国排名
1996	368877	36.17	12	12545.60	71.46	14
1997	580223	57.29	9	16977.51	35.33	13
1998	295643	-49.05	18	8831.43	-47.98	20
1999	305408	3.30	19	10498.49	18.88	19
2000	450805	47.61	16	14572.13	38.80	15
2001	667818	48.14	12	20075.16	37.76	15
2002	1024312	53.40	9	28390.95	41.42	15
2003	405214	-60.44	16	13626.93	-52.00	16
2004	611859	51.00	16	19240.41	51.00	18
2005	825700	34.95	14	27636.30	43.64	17
2006	1055752	27.86	15	32000.38	15.79	17
2007	1318179	24.86	14	41264.00	28.95	17
2008	1187549	-9.91	16	44255.31	7.25	18
2009	1334634	12.39	15	51020.22	15.29	18
2010	1817416	36.17	14	75116.49	45.40	15
2011	2135247	17.49	14	94018.00	25.16	16
2012	2647163	23.97	13	120296.72	27.95	14
2013	2679623	1.23	13	121892.18	1.33	14
2014	2770689	3.40	11	123851.30	1.61	15
2015	3117600	12.52	10	167190.01	34.99	6
2016	3375628	8.28	10	187238.97	11.99	11

由于湖北省旅游产业还未达到成熟阶段，2014年旅游业收入占全省GDP的比重为13.71%，而旅游业发达省市，如云南旅游业收入占GDP的比重已达到了20.80%，北京市旅游业收入占GDP的比重已超过20%，四川、浙江旅游业收入占GDP的比重稍弱一些也已达到了15%以上。2014年湖北省接待人数与四川相差6500万人次，而国内旅游收入相差1139.79亿元。2014年湖北省接待入境的旅游者人数相当于广东的2.77%，北京的58.64%，上海的35.01%，浙江

的29.76%,江苏的93.26%,旅游的外汇收入仅仅相当于广东的7.24%,北京的26.88%,上海的21.72%,浙江的21.55%,江苏的40.89%,从这些数据比较来看还是存在很大的差距(见表2-3)。

表2-3 长江经济带"九省两市"主要旅游指标

地区	旅游总收入（亿元）	国内旅游人数（亿人次）	国内旅游收入（亿元）	旅游外汇收入（亿美元）	旅游总收入占GDP比重（%）
江苏	8145.50	5.70	7863.50	30.30	12.51
浙江	6301.00	4.79	5947.00	57.53	15.69
四川	4891.00	5.40	4838.30	8.60	17.14
湖北	3752.21	4.69	3675.98	12.39	13.71
湖南	3050.70	4.10	3001.50	8.00	11.28
上海	3301.15	2.68	2950.13	57.05	14.01
安徽	3430.10	3.80	3309.70	19.60	16.45
江西	2649.47	3.11	2615.20	5.57	16.87
重庆	2003.30	3.46	1919.98	13.54	14.04
云南	2665.74	2.81	2516.87	24.21	20.80
贵州	2895.98	3.21	2882.66	2.17	31.30

由长江经济带省市的旅游指标可以看到,湖北旅游总收入虽名列前茅,但在旅游收入占GDP总量的百分比指标中,湖北仅占13.71%,位居后位,与"一带一路"18个重点省市旅游收入占GDP总量百分比相比较,武汉位于中列。湖北旅游业的发展与周边省份相比相对缓慢,同样在2000年至2014年,江西全省接待旅游总人数由2537万人次增加到33100万人次,增长13倍有余;国内旅游收入从130亿元增至2615.2亿元,年均增长100.2%;旅游外汇收入从6234万美元增至5.57亿美元,年增长率52.9%;安徽省接待旅游人数从2874万人次增加到38000万人次,增长12倍;国内旅游收入从150.5亿元增至3309.7亿元;旅游外汇收入从8621万美元增至19.6亿美元,年增长率144.9%。虽然在绝对数量上,安徽、江西旅游业的收入略逊于湖北,但其发展速度大大超过湖北,大有后来居上的势头(见表2-4)。

表2-4　　　"一带一路"18个重点省市主要旅游指标

地区	旅游总收入（亿元）	国内旅游人数（亿人次）	国内旅游收入（亿元）	旅游创汇收入（亿美元）	旅游总收入占GDP比重（%）
广东	9273.13	6.58	8220.00	171.06	13.68
浙江	6301.00	4.79	5947.00	57.50	15.69
辽宁	5289.50	4.62	5190.20	16.20	18.48
福建	2707.67	2.29	2405.84	49.12	11.26
上海	3301.15	2.68	2950.13	56.02	14.01
内蒙古	1805.30	0.74	1745.00	10.00	10.16
陕西	2521.40	3.29	2435.00	14.16	14.25
广西	2601.99	2.86	2494.99	17.28	16.60
黑龙江	1066.10	1.05	1031.50	5.64	7.09
重庆	2003.30	3.46	1919.98	13.54	14.04
吉林	1807.71	1.20	1766.55	6.75	13.10
云南	2665.74	2.81	2516.87	24.21	20.80
新疆	650.07	0.48	619.53	4.97	7.02
甘肃	780.23	1.27	779.60	0.10	11.41
海南	506.50	0.39	489.96	2.69	14.47
宁夏	142.70	0.17	141.56	0.18	5.19
青海	201.90	0.20	200.31	0.26	8.77
西藏	204.00	0.15	195.09	1.45	22.15

二、政策影响显著，旅游产业逐渐发力

湖北省对旅游业一直都保持积极的态度，不断制定相关法律法规规范和促进旅游业的发展。湖北省融入"一带一路"倡议的总体思路是抢抓长江经济带和"一带一路"建设新机遇，发挥本省与沿线国家的互补优势，借助交通、经贸合作、人文交流等不断提高对外开放水平，建设中部经济高地。

湖北省提出旅游业与"两圈一带"紧密结合，强力推动旅游业与农业、文化、科技、工商等产业高度融合，扩大旅游业的分布范围，进行旅游业的深加

工；结合"一带一路"建设,打造并推广"丝绸之路+灵秀湖北""丝绸之路+长江三峡等"跨区域旅游线路,使之成为国家级精品线路;公布了修订过后的《湖北省旅游条例》。新的条例加大了旅游者权利的保障力度,规范了旅游市场秩序,对于指导湖北省旅游业又好又快地发展具有重要意义。

自 1996 年以后,全省旅游业的总收入占全省 GDP 的比例一直保持在 5%以上,并成逐年递增之势,2000 年占到 GDP 的 7.96%;在 2011 年时全省旅游业的总收入占 GDP 的比例就已经超过 10%,成为主导型产业,2014 年占 GDP 比例达到了 13.71%。从 2000—2014 年,全省年国内旅游人数从 5478 万人次增加到 46900 万人次,增加了 7 倍有余;国内旅游收入从 270.3 亿元增至 3752.21 亿元,年均增长 21%。国际旅游外汇收入从 1.46 亿美元增至 12.39 亿美元,增长 10 亿多美元。从旅游人数来看,2014 年湖北省在中部地区位居第一,在全国排名第五,与湖北省在全国的 GDP 排名第九位,有一定的差距,但这也正表明同相同水平的经济发展状况的省份相比较,湖北旅游业的发展已经处于中上位置。虽然湖北旅游业与旅游业发达省市相比,差距较为明显,但是不能否认旅游产业已显示出对国民经济相关产业巨大的拉动作用,并已成为国民经济新的增长点以及第三产业的龙头产业(见表 2-5)。

表 2-5　　　　　　　　2014 年部分省市旅游数据

省份	入境旅游人数（万人次）	湖北与其相比的比例（%）	国际旅游外汇收入（亿美元）	湖北与其相比的比例（%）
湖北	277.07	100.00	12.39	100.00
广东	9986.27	2.77	171.06	7.24
北京	791.30	35.01	57.05	21.72
上海	472.50	58.64	46.10	26.88
浙江	931.00	29.76	57.50	21.55
江苏	297.10	93.26	30.30	40.89

湖北省非常重视旅游业的发展,致力于将其打造为强有力的、造福于民的产业。旅游政策的制定一直秉承着科学发展的理念,提出与"一带一路"融合,紧跟着时代的步伐。也正是因为有了政府政策的支持,湖北各地旅游业的发展才有了准确的导向和定位、不竭的动力和热情。

三、全域旅游不断推进，旅游扶贫取得效果

2017年，湖北省各地认真贯彻落实省第十一次党代会"加快全域旅游发展，建设旅游经济强省"精神和省政府工作要求，以全域旅游示范区创建为抓手，深入推进全域旅游发展。省内16个国家级和17个省级全域旅游示范区创建单位积极探索实践，形成特色鲜明的"八推进八统筹"的全域旅游湖北模式。整州创建的恩施州、全域景区的黄陂区、全业融合的赤壁市、以景带村的夷陵区、城乡一体的远安县、旅游扶贫的英山县等成为全域旅游发展的样本。此外，全域旅游战略的实施推动旅游产业融合发展。全省旅游发展与新型工业化、新型城镇化、农业现代化和信息化"四化"建设同步推进，旅游与一二三次产业的融合发展更加紧密，一批高质量的旅游新业态不断涌现，如武汉、荆门、黄冈等地的体育旅游、中医药健康旅游项目入选全国示范创建目录，全国工业旅游创新大会、全国民宿大会先后在我省黄石市和恩施州召开。

借助全域旅游的全面展开，旅游扶贫也发挥了其中的"造血功能"。通过旅游产业使得贫困人口广泛参与、降低生产经营成本和返贫率等，获得扶贫优势，取得扶贫效果，巩固和扩展全域旅游的基础条件。湖北省一直大力发展乡村旅游，深入实施旅游扶贫"旅翼"行动计划，举办旅游扶贫大讲堂，大力推广景区带村、能人带户、合作社+农户等旅游扶贫新模式，进一步促进了贫困地区通过旅游实现脱贫。2017年，湖北旅游行业新增直接就业11万人，占全省新增城镇就业人口的11%，带动相关行业新增就业52万人。2017年，全省乡村旅游共接待2.53亿人次，实现旅游收入约2500亿元；旅游业直接带动4.3万户、25万人实现脱贫，其中乡村旅游重点村户均增收5000元以上。

四、产品体系日趋成熟，文化价值深度挖掘

湖北省各市州依托丰富的自然景观和人文资源大力发展观光、休闲、度假、康养等多种业态的旅游项目，有效丰富了全年旅游产品体系。纵观湖北旅游市场，春季的赏花游人气兴旺，各市州旅游接待百花齐放；夏季的避暑游热度不减，省内一批山地避暑、康养、度假等旅游产品备受青睐；秋季的湖北层林尽染、气候宜人，全省旅游接待进入最为兴旺的时段；特别值得关注的是湖北冰

雪旅游发展迅速，弥补了以往冬季旅游的短板，神农架、咸宁、恩施、黄冈、宜昌、十堰等地的滑雪旅游与传统的温泉旅游产品形成组合效应，成为市场热点，受到游客热捧，呈现出旅游接待旺季更旺、淡季不淡的喜人局面。

旅游是文化的载体，文化是旅游的灵魂。充分发挥旅游与文化融合的产业优势，依托旅游业的发展来展示和宣传中华民族优秀传统文化，不仅促进了荆楚文化的传承和繁荣，而且也丰富了旅游的内涵，形成了新的业态。湖北各市州各景区推出了一批文化旅游项目，能够更好地满足体验式的旅游消费需求，深受广大游客欢迎。特别是武汉市的《知音号》、恩施州的《新龙船调》、襄阳市的《草庐·诸葛亮》等大型旅游文化剧目，不仅成为游客追捧的热门旅游项目，也成为展示城市形象的靓丽名片。

湖北的旅游资源具有一定的开发条件和后发优势，旅游资源整体优势度居全国第7位，旅游综合竞争力评估居于全国第10位，现拥有国家级资源261处、国家级景区71个，著名景区、景点有长江三峡（西陵峡和巫峡东段）、神农架、武当山、九宫山、清江画廊、屈原故里、昭君村、古隆中、关陵等。楚文化、三国文化等文化旅游资源在全国独占鳌头，资源体系逐渐形成，但是与其他地区文化资源相比缺乏优势，在全国乃至世界范围内知名度较低，同时旅游景点和旅游产品的层次、品质还不够高，还处于开发及利用的初级阶段，缺乏资源整合，缺少品牌优势（见表2-6）。

表2-6　　　　　　　　湖北省主要资源带

分类	景点景观
国家级风景名胜区	长江三峡、武汉东湖、武当山、大洪山、襄樊古隆中、通山九宫山、赤壁陆水湖
国家级森林公园	钟祥大口、当阳玉泉寺、宜昌大老岭、兴山龙门河、长阳清江、五峰柴埠溪、襄阳鹿门寺、谷城薤山、咸宁潜山、荆州八岭山、武汉九峰山、大别山天堂寨、神农架、松滋洈水
国家级自然保护区	神农架、五峰后河、长江新螺段、天鹅洲故道白鱀豚自然保护区
"鄂西生态文化旅游圈"核心景区	荆州古城景区、洪湖岸边是家乡—石首天鹅洲景区、襄阳古隆中—鱼梁洲景区、三峡大坝—平湖半岛景区、恩施腾龙洞—大峡谷景区、清江画廊景区、武当山—太极湖景区、明显陵—漳河景区、炎帝神农故里—大洪山景区、神农架—大九湖湿地公园景区

五、治理体系不断完善，旅游软实力增强

全省各地加快建立旅游综合监管机制，推动旅游现代治理体系日益完善。目前，省政府和各市州均成立了旅游安全专业委员会，明确了相关职能部门的旅游安全管理职责。各市州各部门纷纷出台促进旅游改革发展的意见，积极构建"1+3+N"的旅游市场综合监管模式。截至2017年底，湖北省已有武汉市、黄石市、宜昌市、襄阳市、十堰市、黄冈市、咸宁市、恩施州、仙桃市、神农架林区等10个市州成立了旅游发展委员会，建立旅游巡回法庭33个；地市级旅游工商分局4个，县级旅游工商分局7个；地市级旅游警察分局3个，县级旅游警察分局10个，在全省主要的旅游热点景区建立"旅游消费维权组"102个。

全省旅游行业先后组织开展旅游市场欺客宰客整治行动、旅游消费维权服务行动以及旅游市场"春季行动""暑期整顿""秋冬会战"等专项整治活动，重点整治不合理低价游及欺客宰客等违法违规行为。特别是对旅游景区实行"红黑榜"，打破"终身制"，推动旅游景区提档升级、环境改善，收到明显成效。大力实施文明旅游提升工程，持续开展"晒赛文明"主题活动，各地旅游志愿服务成为一道靓丽的风景线，营造了浓郁的人人共建、人人共享的文明旅游氛围。

第二节 湖北省旅游对接的短板

一、服务体系有限，产品结构单一

目前，湖北省以旅游厕所、旅游集散服务中心、旅游停车场、智慧旅游设施、旅游交通导向标识等为主的旅游公共服务体系建设还存在发展不充分、不均衡的问题。主要表现为：城市旅游公共服务体系建设比较完善，而乡村旅游点公共服务体系建设比较滞后；A级旅游景区和星级旅游饭店等核心旅游企业的建设情况比较完善，而非等级旅游景区和非星级旅游住宿设施的建设情况相对滞后。旅游公共服务体系建设存在的问题与人民在旅游过程中对美好体验的

要求和全域旅游的发展理念不相匹配,从而在一定程度上影响了游客对于湖北省旅游满意度的提高以及旅游形象的美誉度提升,因此湖北省公共服务体系建设亟待向社会公共空间和乡村深化和推进。

其次,湖北省旅游资源禀赋及旅游产品供给水平与市场需求结构存在一定错位。目前,大众旅游时代已经进入到休闲度假时代,湖北素有"千湖之省"的美誉,为顺应旅游发展趋势和充分利用旅游资源,适宜开发以休闲度假为主题的旅游产品。休闲度假产品是实现旅游业转型升级也是带动旅游业纵向化、深度化发展的重要载体。但是目前湖北省大部分区域仍以观光产品为主,休闲度假产品数量较少、种类单一,高品位、高品质、高档次的旅游产品不多。此外,湖北省文化底蕴深厚,楚文化、三国文化、民俗文化等交相辉映,整体而言全省文化旅游仍处于发展初期,文化旅游产品发挥的规模效应有限,尚未形成有吸引力的市场卖点,还未取得应有的主导地位和市场影响力(见表2-7)。

表2-7 湖北省2016年各市州旅游人均停留时间、人均天消费

城市	人均停留时间				人均消费			
	国内旅游		入境旅游		国内旅游		入境旅游	
	天/人	增减(天)	天/人	增减(天)	元/人	增减(元)	美元/人	增减(美元)
全省	2.52	0.18	2.38	0.05	836.84	6.73	554.68	18.40
武汉市	2.88	-0.29	2.80	-0.90	1255.70	225.54	673.45	12.56
黄石市	2.20	0.09	1.69	-0.14	501.80	0.88	341.24	-16.45
襄阳市	2.33	0.08	2.82	1.12	738.57	5.81	245.00	-455.62
荆州市	1.86	0.06	1.35	-0.75	620.90	5.21	701.92	448.29
宜昌市	2.51	0.31	1.63	-0.67	971.23	4.77	332.37	16.19
十堰市	2.02	0.04	1.91	-0.89	790.49	2.01	219.77	-103.59
孝感市	1.89	0.07	1.86	0.00	633.70	3.80	372.85	11.30
荆门市	2.11	0.21	2.47	0.01	600.38	-0.02	572.97	100.75
鄂州市	1.96	0.04	3.03	1.63	912.92	8.69	211.00	-55.25
黄冈市	1.71	0.06	1.16	0.03	572.61	7.96	476.55	271.78
咸宁市	1.91	0.06	1.78	0.02	598.33	-8.66	212.12	-157.53
随州市	1.82	0.07	1.89	0.05	613.91	4.27	360.47	-126.76
恩施州	2.94	0.06	1.00	0.00	596.54	6.38	789.02	569.25
仙桃市	1.92	0.12	4.24	0.07	687.16	6.85	338.02	-439.00
潜江市	1.66	0.05	1.09	-0.07	698.32	1.31	327.52	-106.93
天门市	1.42	0.02	1.00	-0.04	592.23	1.95	195.79	-5.85
神农架	3.68	0.06	1.02	0.00	740.52	2.98	193.54	-14.37

在对游客满意度调查的数据中显示,游客对武当山景区、明显陵、荆州古城等人文景观的满意度明显低于恩施大峡谷、神农架国家公园等自然景观的满意度,同时游客表示湖北省人文旅游资源有待深入挖掘,并且需要进一步提升游客在其中的参与性、体验感;神农架林区、恩施州、黄冈市等市州的山地旅游增长显著,但人均旅游消费和人均停留天数偏低,这些地区在研学旅游、科普旅游、生态旅游、体育旅游等方面的专项旅游产品有待丰富和提升。可以发现,湖北旅游产品仍以传统的观光型产品为主,虽然在文化旅游、科普旅游、探险旅游、体育旅游、康养旅游等方面有所发展,但还有较大提升空间。此外,旅游娱乐和旅游购物仍是湖北省旅游产品开发的短板,尚未打造出有效激发游客出游及消费需求的购物旅游产品。

二、入境旅游乏力,区域发展不均

2016年湖北省接待入境旅游者353万人次,位居中部地区第一,同时也可以发现省内各州市旅游发展水平差异较为明显,入境旅游发展水平还存在较大的发展空间。全省接待入境旅游人数中占比最多的是武汉市,达到75.8%,宜昌市、恩施州、十堰市三个市州共占比约20%,其他多个市州入境游客规模较小,尚未在海外市场中形成规模效应和品牌效应(见表2-8)。

表2-8　　　　　湖北省2016年各市州入境旅游主要指标

市州	项目	人数（人次）	增减（%）	人天数（人天）	增减（%）	外汇收入（万美元）	增减（%）
合计	入境旅游者	3375628	8.28	8026469	10.73	187238.97	11.99
	外国人	2546454	6.20	6119616	8.61	148201.57	8.38
	中国香港	348608	6.80	822122	10.75	15764.97	14.94
	中国澳门	42189	-16.80	84712	-6.83	1779.83	-4.79
	中国台湾	438377	27.96	994219	27.26	21492.60	44.59
武汉市	入境旅游者	2249435	11.16	6288600	11.73	151487.28	13.27
	外国人	1766813	7.65	4970992	8.83	122763.62	8.48
	中国香港	232324	17.02	636227	15.92	12375.25	21.38
	中国澳门	2690	15.49	6371	28.89	153.57	65.51
	中国台湾	247608	35.50	675010	32.34	16194.84	56.55

续表

市州	项目	人数（人次）	增减（%）	人天数（人天）	增减（%）	外汇收入（万美元）	增减（%）
黄石市	入境旅游者	218	-58.63	369	-61.72	7.14	-62.14
	外国人	125	-65.85	227	-67.39	4.52	-67.38
	中国香港	31	-49.18	40	-61.54	0.75	-61.58
	中国澳门	5	—	10	66.67	0.15	70.40
	中国台湾	57	-40.00	92	-41.77	1.71	-41.83
十堰市	入境旅游者	188440	3.13	360017	5.04	6263.20	6.01
	外国人	18404	4.42	37286	7.34	850.16	19.49
	中国香港	27633	-26.27	58761	-16.27	1067.86	-13.47
	中国澳门	15768	-39.44	39471	-21.23	760.61	-20.03
	中国台湾	126635	24.67	224499	19.61	3584.58	17.69
宜昌市	入境旅游者	432859	10.10	705560	18.85	14770.89	18.83
	外国人	330599	10.75	567812	18.75	12479.37	18.60
	中国香港	60083	3.10	80045	14.12	1321.22	15.02
	中国澳门	1988	14.32	3090	21.41	77.81	20.11
	中国台湾	40189	16.07	54613	27.59	892.49	28.17
襄阳市	入境旅游者	52935	0.45	149519	0.26	3715.62	0.63
	外国人	39821	-2.71	114782	-5.27	2828.46	-5.09
	中国香港	4430	23.95	11912	40.14	334.00	41.36
	中国澳门	3420	-6.25	9653	1.48	218.70	1.60
	中国台湾	5264	15.72	13172	29.07	334.46	31.14
鄂州市	入境旅游者	603	-57.77	1825	-8.89	34.55	-9.14
	外国人	316	-65.12	881	-19.69	17.56	-19.70
	中国香港	105	-48.28	302	-10.65	5.66	-10.64
	中国澳门	57	-60.14	186	-17.70	2.85	-17.80
	中国台湾	125	-28.98	456	33.33	8.48	33.27
荆门市	入境旅游者	17785	-0.79	43966	-0.43	847.54	0.12
	外国人	9123	3.39	24721	6.09	506.38	38.90
	中国香港	3856	1.10	7716	-15.77	135.69	-15.76
	中国澳门	2744	-3.00	6476	-7.88	124.79	-7.89
	中国台湾	2062	-16.14	5053	1.85	80.68	1.85

续表

市州	项目	人数（人次）	增减（%）	人天数（人天）	增减（%）	外汇收入（万美元）	增减（%）
孝感市	入境旅游者	764	-3.05	1422	-2.74	27.54	-3.33
	外国人	523	-6.10	1070	-4.97	21.33	6.97
	中国香港	87	-32.03	123	-26.14	2.30	-26.15
	中国澳门	74	105.56	107	-5.38	1.64	-5.39
	中国台湾	80	19.40	122	22.42	2.27	22.41
荆州市	入境旅游者	20847	4.18	28204	2.39	510.75	0.63
	外国人	17795	7.61	22583	14.54	404.26	14.51
	中国香港	1846	-4.70	3186	-24.41	58.95	-22.08
	中国澳门	19	—	21	—	0.32	—
	中国台湾	1187	-22.77	2414	-38.34	47.22	37.04
黄冈市	入境旅游者	8576	-7.25	9987	-4.09	181.91	-3.92
	外国人	2339	6.71	2475	6.96	49.33	6.09
	中国香港	2319	-25.89	2633	-5.99	49.32	-6.00
	中国澳门	1816	-14.02	2285	-6.59	35.04	-6.59
	中国台湾	2102	15.94	2594	-11.58	48.22	-11.58
咸宁市	入境旅游者	22325	4.66	39635	5.28	832.38	5.57
	外国人	14418	8.96	25708	9.14	565.01	-4.82
	中国香港	3239	0.15	5700	50.00	94.08	51.31
	中国澳门	2498	-3.14	4394	-100.00	110.65	-100.00
	中国台湾	2170	-5.07	3833	-36.11	62.64	-36.29
恩施州	入境旅游者	322736	-4.83	322736	-4.83	7092.78	-4.83
	外国人	322680	-4.82	322680	-4.82	7091.86	19.49
	中国香港	33	50.00	33	-16.27	0.54	-13.47
	中国澳门	0	-100.00	0	-21.23	0.00	-21.23
	中国台湾	23	-36.11	23	19.61	0.38	19.61
随州市	入境旅游者	10041	-3.66	18988	-1.00	339.41	-33.16
	外国人	268	-4.63	1710	97.91	42.14	-3.00
	中国香港	3976	-31.21	5218	4.69	146.31	4.67
	中国澳门	2821	82.12	2921	2.80	66.18	2.80
	中国台湾	2976	5.83	3339	-8.68	84.78	-8.69

续表

市州	项目	人数（人次）	增减（%）	人天数（人天）	增减（%）	外汇收入（万美元）	增减（%）
仙桃市	入境旅游者	1994	-2.92	8461	-1.24	157.33	-1.42
	外国人	899	-1.10	3846	-3.00	76.66	-4.95
	中国香港	424	-0.47	1786	-28.49	33.45	-28.45
	中国澳门	396	-0.50	1651	57.35	25.32	57.78
	中国台湾	275	-14.33	1178	27.08	21.90	27.40
潜江市	入境旅游者	190	11.76	207	4.55	3.72	-0.88
	外国人	50	-49.49	50	-54.55	1.00	-67.38
	中国香港	63	65.79	70	-61.54	1.31	-61.58
	中国澳门	60	52.94	64	66.67	0.98	70.40
	中国台湾	17	6.25	23	-41.77	0.43	-41.83
天门市	入境旅游者	666	-45.23	666	-47.27	12.89	-47.42
	外国人	511	-46.27	511	-48.44	10.19	-54.49
	中国香港	51	-40.70	51	55.56	0.96	56.09
	中国澳门	56	-37.78	56	56.00	0.86	58.29
	中国台湾	48	-46.07	48	27.78	0.89	29.55
神农架	入境旅游者	45214	9.63	46307	9.83	954.03	11.27
	外国人	21770	38.64	22282	38.90	489.71	37.67
	中国香港	8108	-16.25	8319	-15.77	137.31	-14.76
	中国澳门	7777	-8.11	7956	-7.88	200.35	-7.33
	中国台湾	7559	2.22	7750	1.85	126.65	1.92

整体上来看，湖北省大多数地方旅游发展强劲有力，部分地区稍显落后，旅游发展呈现出区域发展不均衡的状态。湖北省旅游产业发展的空间格局具有集中性和不均衡性的特点，主要表现在两个方面：（1）武汉市旅游产业规模在全省17个市州中稳居首位，2014—2016年武汉市旅游总收入占全省比重达到50%，而武汉市和宜昌市两大旅游发展极的比值达到4.16；（2）在湖北省旅游发展的四大旅游板块中，武汉都市旅游板块和西部生态旅游板块的旅游综合发展水平明显优于全身旅游综合发展的平均水平，而中部文化旅游板块和东部人文旅游板块的旅游发展有待提升。

在全国入境旅游发展整体疲软的环境下,湖北省入境旅游实现了逆势增长,2014—2016年平均增长率达3.4%,但省内各市州旅游入境旅游发展的情况也应引起高度关注。数据显示,入境旅游接待人数中仅有武汉市、宜昌市、十堰市和咸宁市保持了10%以上的增长速度,其他多数市州入境旅游增长乏力。

由表2-9可知,湖北省提出"两圈"发展规划中武汉城市圈和鄂西生态文化旅游圈入境旅游收入上呈现显著差异;由近三年《湖北统计年鉴》可知,在湖北省入境旅游市场中,数据显示武汉市旅游总收入占全省旅游收入比重超过50%,入境旅游收入超过70%,占据绝对领先的地位。以上这些数据均能说明湖北省不同区域间旅游发展差异很大,不均衡性非常显著。

表2-9　　　　湖北省"两圈"入境旅游主要经济指标

	城市	入境旅游者人数（万人次）	国际旅游外汇收入（万美元）		城市	入境旅游者人数（万人次）	国际旅游外汇收入（万美元）
武汉城市圈	武汉市	170.57	93402.53	鄂西生态文化旅游圈	宜昌市	35.58	8455.89
	黄石市	0.10	69.00		荆州市	1.98	482.60
	鄂州市	0.24	77.71		襄阳市	4.86	3685.49
	孝感市	0.14	59.08		荆门市	1.92	801.53
	黄冈市	1.32	385.69		十堰市	17.67	5899.63
	咸宁市	1.71	619.75		随州市	1.82	904.90
	仙桃市	0.23	155.11		恩施州	35.64	8097.59
	潜江市	0.05	16.74		神农架	3.18	699.18
	天门市	0.07	38.87				

三、传统业态萎缩,优质资源开发不够

在大众旅游和全域旅游时代,旅游者需要日益多样化、差异化,传统的跟团旅游已经很难满足旅游者个性化的需求,自助游、自驾游等逐渐成为旅游者出行的主要形式,民宿、精品酒店、主题饭店等业态迅速发展,导致旅行社跟团游和标准化的星级饭店住宿等传统的业务受到冲击,旅游行业经营主体进入

结构化调整期已经成为形势所趋和发展必然。

近年来，湖北省旅游市场发展趋向于多元化、活力化，但是仍需关注到目前全省导游从业人员和星级酒店规模逐渐呈现出萎缩的趋势，因此在旅游业发展转型时期应加强政策引导与行业指导。截至 2017 年底，全省持证导游人数为 16511 人，下降比例达 29.9%，中级以上导游人数为 719 人，年度下降率为 8.3%；星级酒店中，四星级以上旅游饭店为 115 家，下降率为 17.9%。

湖北省优质旅游资源分布集中，5A 级景区数量在全国名列前茅，4A 级及以上景区占比 37.7%，但是部分景区的经营管理、服务水平等方面与优质旅游景区存在一定的差距。如：景区核心旅游产品开发设计存在不足，优质的旅游资源尚未打造成为具备足够吸引力的旅游产品；一些景区公共服务体系和配套设施建设不完善，个性化服务供给不足、品质不高；一些景区接待设施不完善，游客服务中心、停车场、旅游厕所等设施配套不足；一些景区管理较为粗放，旅游接待服务未按照标准和规范进行，甚至还存在安全隐患。

第三节　湖北省旅游对接 SWOT 分析

一、优势（Strength）分析

（一）资源提升优势

湖北省作为楚文化的发祥地和三国文化的聚集地，历史悠久，文化源远流长作为湖北省文化旅游的重要组成部分，文化资源也是湖北省旅游发展重要的文脉背景。同时，地理环境、地质地貌、气候条件、历史文化等均为湖北省造就了一批具有较高品质的旅游资源，如雄伟壮丽的长江三峡、世界第一的三峡大坝、神秘莫测的神农架野人传说、世界少有的天然麋鹿群、白鱀豚、中华鲟、世界文化遗产武当山古建筑群、钟祥显陵、技术精湛的青铜器、楚文化瑰宝编钟与楚乐。湖北旅游对接"一带一路"建设，依靠其独特高品位的旅游资源，挖掘其内在含义，能够打造出更多类似于正在进行申遗的"万里茶道"的旅游

精品，形成竞争优势。

(二) 交通区位优势

湖北省位于中国经济地理中心，素有"九省通衢"之称，在旅游业区划上位于长江旅游带和大京九旅游带的交汇处，起着承东启西联系南北的作用，地理位置优越、交通便利、可进入性较好。湖北省以武汉为中心，通过京广、京九、焦枝、枝柳铁路，105 国道、106 国道往北辐射华北地区，连接华北、东北客源市场；往南辐射华南地区，连接广州、深圳等珠江三角洲客源市场；通过长江黄金水道、武九、汉丹、襄渝铁路、318 国道、沪蓉高速公路往东辐射华东地区，连接上海等长江三角洲客源市场；往西可以辐射西部地区，连接重庆、成都客源市场。民用航空事业发展态势迅猛，拥有 6 个民用机场，我国中南地区最大的民用机场——武汉天河机场是全国十大机场之一，空中航线共 200 余条。以武汉和宜昌为基地的长江游船业，连接黄石、沙市等港口直航多个国家和地区。湖北省便利、优越的交通条件无疑为旅游业的快速优质发展创造了良好的外部环境，解除了旅游业发展的一大制约瓶颈。

(三) 人才科教优势

湖北省人才资源丰富，教育基础扎实，科技实力雄厚。不论是人才总量、人才培养能力还是人才竞争力在全国都处于比较突出的地位。在高端人才方面，湖北拥有"两院"院士 63 名，其中，中国科学院院士 27 名，中国工程院院士 36 名。在人才培养方面，现有普通高等院校 123 所，居全国第五，在校大学生 142 万人，2013 年毕业研究生数为 3.5 万人。在科技人才领域，2013 年湖北 R&D 人员数量为 20.47 万人，排全国第五位，落后于广州、江苏、浙江、上海等省市，居中部第一，为湖北旅游今后的发展提供了充足的人才（见图 2-1）。

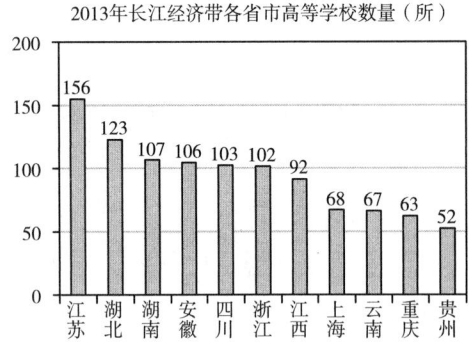
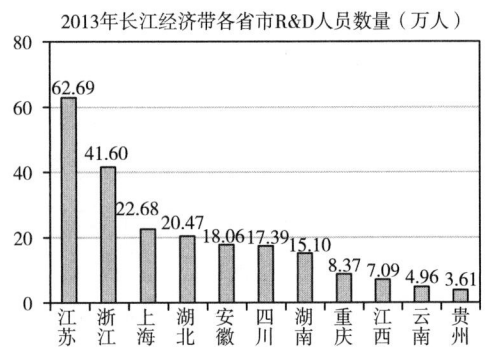

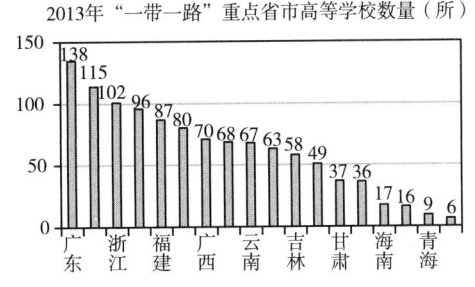
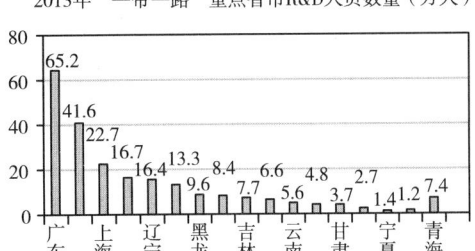

图 2-1　湖北科教优势数据图

二、劣势（Weakness）分析

（一）旅游资源开发缺乏新意

在旅游资源的开发上，湖北省部分地区的资源开发仍然停留在初级阶段，一发现某地有资源可以利用，便仿效别处进行盲目投资。旅游资源的开发仅停留在初级阶段，仅限于对原有乡村景观在农业生产基础上稍加修饰，而忽略了旅游资源的文化内涵，缺乏对于旅游资源整体规划和设计，对旅游目的地可持续发展的考虑不够深入。另外，有部分地区旅游资源的过度开发，人工化、城市化现象严重，忽视旅游资源原有特性，过度的开发造成旅游景观的破碎、土地资源的浪费以及生态的破坏，造成了不可挽回的损失。

此外，湖北省域范围内旅游资源禀赋空间上存在明显差异，以综合优势度来评价湖北省旅游资源的区域差异，可以发现：武汉市、十堰市、宜昌市、恩施州、咸宁市等地的旅游资源相对而言比较丰富；黄冈市、荆门市、襄阳市等地的旅游资源相对一般；而随州市、天门市、仙桃市、潜江市等地的旅游资源较为匮乏。旅游资源分布的不均衡性为旅游资源的深度开发与区域整合造成一定的困难。

（二）地方旅游发展各自为政

长期以来，由于区位与交通等多方面的原因，城市发展不平衡，省会武汉资源过于集中，2014 年武汉市 GDP 总值为 10069.48 亿元，而恩施只有 612.01 亿元，武汉是其 16 倍有余，生产力布局不合理，使得空间利用率偏低，资源整合不充分。继而导致旅游区空间布局不够合理，湖北省旅游发展呈现出明显的地区不平衡现象，西重东轻，南强北弱的矛盾比较突出，整体竞争力不强。例如在恩施地区旅游收入占GDP比重可以达到32%以上,而在襄阳等地旅游占比仅为7%,相差过大。合理的旅游区空间布局能够促使区域旅游业实现良性循环,湖北省旅游要实现全面协调发展、取得综合竞争优势就必须要解决合理布局的现实问题(见图2-2、表2-10)。

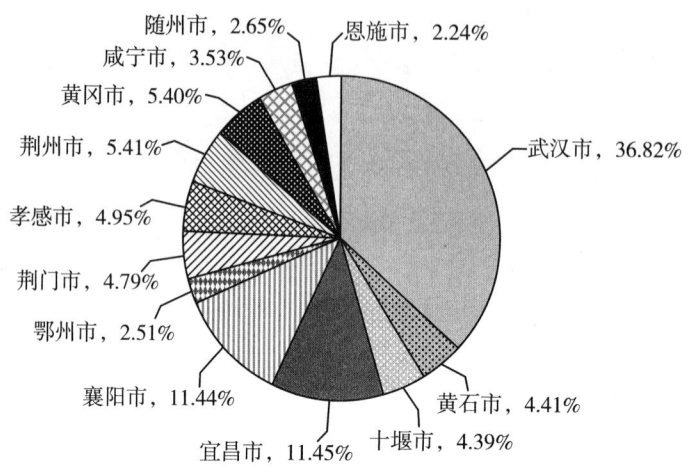

图2-2　省内各市GDP占全省比重示意图

表2-10　　　　　　　湖北省部分城市旅游相关指标

地区	旅游总收入（亿元）	GDP总值（亿元）	旅游收入占GDP比重（%）
武汉	1949.46	10069.48	19.36
宜昌	336.17	3132.21	10.73
咸宁	172.00	964.25	17.84
荆州	137.72	1480.49	9.30
恩施	200.01	612.01	32.68
十堰	242.70	1200.80	20.21
襄阳	221.40	3129.40	7.07
孝感	100.02	1354.72	7.38
神农架	25.17	285.06	8.83

(三)旅游产品结构层次单一

多元化、品质化的旅游产品是旅游业繁荣发展的重要基础和前提条件。整体而言,湖北省旅游资源开发还很粗放,一些旅游服务设施建设存在粗制滥造、缺乏文化内涵等问题,部分区域的旅游业仍处于低水平开发阶段。各类旅游资源未能充分有效利用,低水平盲目重复较多,导致产品类型单一,在一定程度上很难满足游客多层次、个性化和高品位的旅游需求；此外，还存在旅游产品缺乏创意设计、深度加工、品质提升，总体而言出现了文化品位不高、特色不突出的问题，难以让游客感受和体验当地旅游的形象。找准湖北旅游文化精髓，开创"一带一路"旅游新路线，打造具有湖北特色的旅游产品，将推进湖北开拓高质量的客源市场。

三、机遇（Opportunity）分析

（一）"一带一路"发展机遇

对接"一带一路"建设是湖北省推进东西双向开放，构建对外开放新格局、由内陆腹地变为开放前沿的重要机遇。"一带一路"旨在从最基本的国际贸易和国际投资出发，带动各国政治、经济、文化等各个方面的交流与融合，在全球化的背景下实现各个国家优势互补，造就覆盖世界的大规模产业集群。推动区域经济开放与合作，创新和培育全方位、宽领域、开放式经济发展模式，抢抓"一带一路"发展机遇成为湖北省经济发展重要举措。

"一带一路"倡议的实施也会极大改善深处内陆湖北省的交通条件，同时能够带动东部主要旅游客源市场进入中西部旅游目的地，扩大周边国家与中国边境省份之间的边境旅游。蓬勃发展的出境旅游将以更高的速度狂飙突进，增加更多异域风情的旅游目的地国家和旅游产品，能够对于连年停滞不前的入境旅游起到力挽狂澜的作用。

（二）旅游产业转型机遇

近年来，湖北省国民经济保持稳定增长的态势，这一发展趋势为旅游业的快速发展奠定了良好的基础，提供了有利的发展环境。随着供给侧改革的不断深化，经济发展要求以旅游业为支柱的第三产业来支撑，同时经济结构的调整也为加快旅游业的发展创造了广阔的发展空间，因此旅游业将在湖北省经济新一轮大发展中发挥重要作用。对于旅游资源禀赋与旅游产业发展不相符的情况，湖北省各级政府发展旅游业给予了相当的重视。湖北省各市（州）都已纷纷将产业发展政策向旅游业倾斜，为旅游产业升级调整提供了可靠的政策保障，为旅游业发展创造了良好的条件。

（三）区域战略合作机遇

湖北加强与长江流域 10 个省份的旅游合作，成立长江旅游带联盟，建立长

江旅游协作发展的新机制,重点在产品组合、市场联动、管理共进上取得突破。长江旅游资源沿长江水道分布,资源之间存在密切联系,将串起沿岸自然资源及人文资源,打造湖北省黄金旅游带,协同发展的效应远远超过各省市独自发展旅游的效应(见表2-11)。

国务院批复的《长江中游城市群发展规划》,提出要培育"中三角"旅游共同体,打造无障碍旅游区,改变中部旅游格局,全面推进中三角旅游合作,着力实现中三角的旅游规划、旅游产品、旅游市场开发、企业发展、旅游标准、旅游信息的"一体化",协力把中部旅游版块建设成全国旅游重要版块。

表2-11　　　　湖北省2016年国际旅游客源分布

	客源地	排名	绝对量（人次）	占外国人比重（%）	增减%
按地区分组	亚洲	1	996769	39.14	7.91
	欧洲	2	710205	27.89	2.04
	美洲	3	619910	24.34	9.30
	大洋洲	4	126897	4.98	-17.54
	其他	5	48962	1.92	15.97
	非洲	6	43711	1.72	79.79
按国籍分组	日本	1	552166	21.68	11.40
	美国	2	430219	16.89	3.05
	法国	3	222394	8.73	29.74
	英国	4	176378	6.93	14.19
	德国	5	154813	6.08	-28.32
	加拿大	6	143407	5.63	28.07
	韩国	7	124574	4.89	14.85
	澳大利亚	8	103322	4.06	-23.17
	新加坡	9	92298	3.62	9.09
	马来西亚	10	80552	3.16	11.28
	意大利	11	39250	1.54	-1.87
	瑞士	12	32432	1.27	-26.09
	印度尼西亚	13	29607	1.16	-15.60
	泰国	14	27009	1.06	9.62

续表

	客源地	排名	绝对量（人次）	占外国人比重（%）	增减%
按国籍分组	俄罗斯	15	24510	0.96	96.92
	印度	16	20221	0.79	18.85
	西班牙	17	17364	0.68	27.78
	新西兰	18	15095	0.59	59.90
	菲律宾	19	12814	0.50	-4.53
	瑞典	20	11814	0.46	30.39
	巴基斯坦	21	4467	0.18	57.94
	越南	22	3877	0.15	-17.91
	蒙古	23	2650	0.10	-53.01
	朝鲜	24	2465	0.10	7.24
	缅甸	25	951	0.04	24.60

四、挑战（Threat）分析

(一) 跨区域协调难度较大

区域间发展旅游合作的利益之争以及顾虑不可避免。"一带一路"是一个国际合作的倡议，涉及各个国家的相互配合、合作，这一倡议的落实不仅需要各地区国家的通力合作更需要外部国家，特别是主要发达国家的积极参与。合作方略最终能否实现，需要大到国家，小到地区的通力合作，更需要沿线节点城市和省份的积极参与。

根据市场经济或区域经济发展的规律，按照劳动地域分工的原则，资金、设施、技术、人才、信息等要素在世界范围内的自由流动与重组，能够保持资源配置最优化和经济体系连续化。但由于行政区划边界具有一定的屏蔽效应，作为跨越数个行政单元的跨界区域，其区域经济发展呈现明显的阻隔性和非连续性，在空间上很难构成畅通、一体化的经济连续体和经济共同体。

实际上中部地区、沿江各省市之间没有建立起分工定位关系和有效的协调合作机制，各地的旅游开发都是地方政府主导，行政色彩浓厚，这种各走各路的方式客观上阻碍了"一带一路"实施一体化，以及"长江经济带"一体化的进程。从沿江城市旅游开发来看，湖北、湖南、江西等地相机提出了一系列开发政策。但是由于没有建立起有效的协调合作机制，这些省市的旅游开发基本上是各自为政，互补性不强。

（二）旅游创新线路探索难

"一带一路"具有很强的非排他性、非门槛性。"一带一路"倡议的提出与实施，就是要构建一条经济繁荣之路、一条文明共鉴之路，秉承开放性原则，让包括中国在内的世界上所有的致力于丝路合作的国家、省市都参与进来。从旅游方面而言，参与"一带一路"建设的省市在设计旅游产品时不仅需要关注现有旅游产品不同类别间的融合，还要关注新旅游产品与湖北文化、旅游发展现状以及湖北在"一带一路"建设中的特点进行融合且不会轻易与其他省份旅游产品出现撞车行为。如：鄂西北的生态文化区与文化区域中的文化存在一定的民族性共同点。错综复杂，交互融合。湖北的花卉产品虽然取得一定的成绩，开发了很多花为媒的产品，但是却很容易被模仿和超越。

湖北省拥有一批种类多样、底蕴深厚的文化旅游资源，如楚文化旅游资源、三国文化旅游资源、编钟文化旅游资源、土家文化旅游资源等，但它们在"丝绸之路经济带"与"21 世纪海上丝绸之路"上是否会大放异彩，又如何展现它们的风采，如今我们需要怎样才能对其还原，等等，种种问题都需要大量人力、物力、财力才能予以解决，这将成为湖北对接"一带一路"发展中的关键问题（见图 2 - 3）。

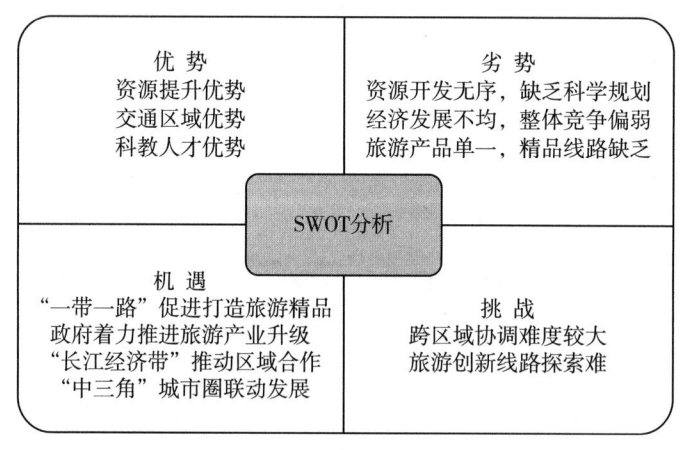

图 2 - 3　湖北省旅游 SWOT 分析图

第三章　湖北省旅游资源评价及结果

第一节　湖北省旅游资源评价过程

湖北省的地理位置使得其旅游区位优势明显，相对于九省通衢的交通优势，湖北省旅游资源在其禀赋上具有一定的弱势，但是旅游发展的基础性工作就是要能够对旅游资源禀赋做到深入了解和评价。

一、评价步骤

利用 AHP 评价方法对资源进行评价一般分为三步。

第一步，确定目标层（A）。根据本书将其定为湖北省旅游资源最佳城市。

第二步，确定准则层（B）。准则层是用来评价方案层实现目标优劣的依据，也是层次分析法的重点之一。AHP 要求选择评价的因素全面、准确，同时因素之间不存在相关关系。因此，要求选择那些重要的，能够对旅游资源整体开发价值有关键性影响作用的作为评价因子。为尽量简化评估工作，本书参考《中华人民共和国国家标准（GB/T 18972-2003）》："旅游资源分类、调查与评价（Classification, Investigation and Evaluation of Tourism Resources）"中旅游资源评价的内容确定湖北省旅游资源评价的维度。

第三步，确定样本层（C）。通常称之为方案层。根据目标层，湖北省各州市成为样本层。

二、准则层的确定

准则层的确定最为复杂，根据《中华人民共和国国家标准（GB/T 18972-

2003）》："旅游资源分类、调查与评价（Classification, Investigation and Evaluation of Tourism Resources）"中旅游资源评价总体要求，旅游资源评价分为"评价项目"和"评价因子"两部分内容，其中评价项目为"资源要素价值""资源影响力""附加值"；"资源要素价值"项目中含"观赏游憩使用价值""历史文化科学艺术价值""珍稀奇特程度""规模、丰度与几率""完整性"等 5 项评价因子。

"资源影响力"项目中含"知名度和影响力""适游期或使用范围"等 2 项评价因子。

"附加值"含"环境保护与环境安全"1 项评价因子，具体内容如表 3-1 所示。

表 3-1　　　　　　　　　旅游资源评价标准

评价项目	评价因子	评价依据
资源要素价值	观赏游憩使用价值	全部或其中一项具有极高的观赏价值、游憩价值、使用价值
		全部或其中一项具有很高的观赏价值、游憩价值、使用价值
		全部或其中一项具有较高的观赏价值、游憩价值、使用价值
		全部或其中一项具有一般观赏价值、游憩价值、使用价值
	历史文化科学艺术价值	同时或其中一项具有世界意义的历史价值、文化价值、科学价值、艺术价值
		同时或其中一项具有全国意义的历史价值、文化价值、科学价值、艺术价值
		同时或其中一项具有省级意义的历史价值、文化价值、科学价值、艺术价值
		历史价值，或文化价值，或科学价值，或艺术价值具有地区意义
	珍稀奇特程度	有大量珍稀物种，或景观异常奇特，或此类现象在其他地区罕见
		有较多珍稀物种，或景观奇特，或此类现象在其他地区很少见
		有少量珍稀物种，或景观突出，或此类现象在其他地区少见
		有个别珍稀物种，或景观比较突出，或此类现象在其他地区较多见
	规模、丰度与几率	独立型旅游资源单体规模、体量巨大；集合型旅游资源单体结构完美、疏密度优良级；自然景象和人文活动周期性发生或频率极高
		独立型旅游资源单体规模、体量较大；集合型旅游资源单体结构很和谐、疏密度良好；自然景象和人文活动周期性发生或频率很高

续表

评价项目	评价因子	评价依据
资源要素价值	规模、丰度与几率	独立型旅游资源单体规模、体量中等；集合型旅游资源单体结构和谐、疏密度较好；自然景象和人文活动周期性发生或频率较高
		独立型旅游资源单体规模、体量较小；集合型旅游资源单体结构较和谐、疏密度一般；自然景象和人文活动周期性发生或频率较小
	完整性	形态与结构保持完整
		形态与结构有少量变化，但不明显
		形态与结构有明显变化
		形态与结构有重大变化
资源影响力	知名度和影响力	在世界范围内知名，或构成世界承认的名牌
		在全国范围内知名，或构成全国性的名牌
		在本省范围内知名，或构成省内的名牌
		在本地区范围内知名，或构成本地区名牌
	适游期或使用范围	适宜游览的日期每年超过 300 天，或适宜于所有游客使用和参与
		适宜游览的日期每年超过 250 天，或适宜于80%左右游客使用和参与
		适宜游览的日期超过 150 天，或适宜于60%左右游客使用和参与

参考国标内容，根据本书研究需要将"观赏游憩使用价值、历史文化科学艺术价值、珍稀奇特程度、规模丰度与几率、完整性、知名度和影响力、适游期或使用范围、环境保护与环境安全"八个因素作为湖北省旅游资源评价的准则层。

三、资源赋值过程

截至 2018 年，湖北省共辖 13 个地级行政区，包括 12 个地级市、1 个自治州，分别是武汉市、黄石市、十堰市、宜昌市、襄阳市、鄂州市、荆门市、孝感市、荆州市、黄冈市、咸宁市、随州市、恩施土家族苗族自治州；4 个省直辖县级行政单位，包括 3 个县级市、1 个林区，分别是仙桃市、潜江市、天门市、神农架林区。其中，潜江市和天门市尚无 A 级景区。

（一）武汉市

武汉市是长江中游特大城市、湖北省的省会，总面积 8494 平方千米。被誉为"百湖之市",拥有中国最大的城中湖——汤逊湖。武汉市是中国历史文化名城,楚文化的发祥地之一,是辛亥革命武昌首义之地,也是国内科教名城,高校数量居全国第三(见表3-2)。

表3-2　　　　　　　　武汉市A级景区分布情况

序号	名称	地址	级别
1	武汉东湖风景名胜区	湖北省武汉市武昌区东湖路特1号	2013年(5A)
2	武汉市黄陂木兰文化生态旅游区	湖北省武汉市黄陂区境内木兰山	2014年(5A)
3	海昌极地海洋世界	湖北省武汉市东西湖区金银潭大道96号	4A
4	木兰古门景区	湖北省武汉市黄陂区蔡店街道木兰古门风景区	3A
5	武汉市黄鹤楼公园	湖北省武汉市武昌区蛇山西坡特1号	2007年(5A)
6	武汉欢乐谷	湖北省武汉市武昌区欢乐大道196号东湖生态旅游风景区	4A
7	归元寺	湖北省武汉市汉阳区翠微路西侧	4A
8	武汉科技馆	武汉市江岸区赵家条104号	4A
9	黄陂锦里土家风情谷旅游区	湖北省武汉市黄陂区北部蔡店街道境内	4A
10	中国科学院武汉植物园	湖北省武汉市洪山区鲁磨路特1号	4A
11	木兰清凉寨	武汉市黄陂区蔡店乡	4A
12	东湖听涛风景区	湖北省武汉市武昌区沿湖大道2号	4A
13	东湖落雁景区	湖北省武汉市洪山区三环线	4A
14	九真山	湖北省武汉市蔡甸区永安街道	4A
15	马鞍山森林公园	湖北省武汉市洪山区珞喻东路619号	4A
16	首义文化区	湖北省武汉市武昌区首义路198	4A
17	东湖磨山风景区	湖北省武汉市武昌区东湖磨山	4A
18	武汉规划馆	湖北省武汉市江岸区塔子湖街街道武汉规划展示馆	4A
19	大余湾旅游区	湖北省武汉市黄陂区木兰乡大余湾	4A
20	姚家山旅游风景区	湖北省武汉市黄陂区蔡店街	4A
21	蔡甸金龙水寨景区	湖北省武汉市蔡甸区索河镇金龙湖	4A
22	武汉博物馆	湖北省武汉市江汉区青年路373号	4A

续表

序号	名称	地址	级别
23	辛亥革命武昌起义纪念馆	湖北省武汉市武昌区武珞路1号	4A
24	武汉革命博物馆	湖北省武汉市武昌区武昌红巷13号	4A
25	中国地质大学逸夫博物馆	湖北省武汉市洪山区鲁磨路388号	4A
26	湖北省博物馆	湖北省武汉市武昌区东湖路160号	4A
27	农耕年华景区	湖北省武汉市黄陂区武湖农场汉施公路旁	3A
28	武汉晴川阁	湖北省武汉市汉阳区晴川街街道晴川阁	3A
29	汉口北国际旅游商品交易中心	湖北省武汉市黄陂区汉口北商贸物流枢纽区中国银行（汉口北支行）黄陂汉口北国际商品交易中心	3A
30	武汉东湖海洋世界	湖北省武汉市武昌区	3A
31	长春观	湖北省武汉市武昌区中南路街街道长春小区（舒家街）长春观	3A
32	木兰湖旅游度假区	湖北省武汉市黄陂区木兰乡木兰湖	3A
33	石榴红村景区	湖北省武汉市东西湖区慈惠街道石榴红村—吉庆广场石榴红村	3A
34	古琴台景区	湖北省武汉市汉阳区月湖街街道凤凰广场古琴台	3A
35	武汉高龙城·国家非物质文化遗产传承园	湖北省武汉市汉阳区江堤街街道江欣苑	3A
36	青山区张公山寨景区	湖北省武汉市青山区北湖工业园管理办公室张公山寨景区	3A
37	江夏区梁湖都市农庄	湖北省武汉市江夏区五里界街道梁湖都市农庄	3A
38	黄陂区木兰胜天旅游区	湖北省武汉市黄陂区王家河街道木兰胜天风景区	3A
39	小蜜蜂食品有限公司（蜜蜂探索馆）	湖北省武汉市江夏区	3A
40	后官湖湿地公园	湖北省武汉市蔡甸区	3A
41	木兰玫瑰花园	湖北省武汉市黄陂区王家河街道木兰玫瑰园	3A
42	武钢博物馆	湖北省武汉市青山区冶金大道30号	3A
43	武汉奇石文化博物馆	湖北省武汉市汉阳区翠微路61号	3A
44	杜尔伯特伊利乳业有限责任公司武汉分公司	湖北省武汉市蔡甸区沌口街街道莲湖路35号伊利工业园	2A
45	东西湖郁金香主题公园	湖北省武汉市东西湖区	3A

(二) 黄石市

黄石市位于长江中游南岸、湖北省东南部，是中部地区重要的原材料工业基地和长江港口城市，被誉为"青铜古都""钢铁摇篮""水泥故乡""服装新市""劲酒之都"（见表3-3）。

表3-3　　　　　　　　黄石市A级景区分布情况

序号	名称	地址	级别
1	青龙山公园	湖北省黄石市大冶市	3A
2	湘鄂赣边区鄂东南革命烈士陵园	湖北省黄石市阳新县兴国镇阳新大道68号	4A
3	大冶雷山风景区	湖北省黄石市大冶市陈贵镇雷山风景名胜区	4A
4	东方山风景区	湖北省黄石市下陆区东方山风景区服务处	4A
5	白水寺（柯公祠）	湖北省黄石市阳新县枫林镇坡山村三房组刘姑寨脚下处	3A
6	三溪口乡村园博园	湖北省黄石市阳新县三溪镇	3A
7	楚天香谷芳香文化博览园	湖北省黄石市大冶市茗山乡杨桥村	3A
8	军垦五夫园	湖北省黄石市阳新县	3A
9	石田古驿生态旅游区	湖北省黄石市阳新县枫林镇	3A
10	大冶市沼山乡村公园	湖北省黄石市大冶市保安镇三元路1号	3A
11	梅红山风景区	湖北省黄石市大冶市灵乡镇	3A
12	龙凤山生态园休闲度假村	湖北省黄石市大冶市刘仁八镇	3A
13	上冯九古奇村旅游景区	湖北省黄石市大冶市金湖街道上冯村	3A
14	湘鄂赣边区鄂东革命烈士陵园	湖北省黄石市阳新县	3A
15	西塞山风景区	湖北省黄石市西塞山区	3A
16	湖北黄石国家矿山公园	湖北省黄石市铁山区	4A

(三) 十堰市

十堰市位于湖北省西北部，地处秦巴山区东部、汉江中上游地区，大巴山东段透迤于南，秦岭余脉屏障其北，汉江自西向东穿越全境，总面积23680平方千米（见表3-4）。

表3-4　　　　　　　　　　十堰市A级景区分布情况

序号	名称	地址	级别
1	赛武当旅游区	湖北省十堰市茅箭区小川乡赛武当	4A
2	青龙山恐龙蛋化石群地质自然保护区	湖北省十堰市郧阳区	3A
3	武当峡谷漂流	湖北省丹江口市浪河镇	4A
4	十堰市人民公园	湖北省十堰市张湾区车城路街道人民公园	4A
5	张湾区龙泉寺	湖北省十堰市张湾区方山路68号	3A
6	湖北武当山风景名胜区	湖北省十堰市丹江口市武当路	2011年（5A）
7	太极峡景区	湖北省十堰市丹江口市石鼓镇太极峡	4A
8	净乐宫	湖北省十堰市丹江口市丹赵路街道	4A
9	郧县九龙瀑旅游区	湖北省十堰市郧阳区南化塘镇	4A
10	郧西龙潭河旅游区	湖北省十堰市郧西县羊尾镇龙潭河景区	4A
11	观音洞旅游区	湖北省十堰市房县城关镇炳公村	4A
12	武当山南神道旅游区	湖北省十堰市丹江口市官山镇吕家河村	4A
13	五龙河旅游景区	湖北省十堰市郧西县安家乡五龙河	4A
14	女娲山旅游区	湖北省十堰市竹山县宝丰镇小万家沟	4A
15	郧西天河旅游区	湖北省十堰市郧西县城关镇天河景区	4A
16	郧西上津文化旅游区	湖北省十堰市郧西县上津古镇	4A
17	野人洞（谷）旅游区	湖北省十堰市房县野人谷镇野人洞	4A
18	大柳虎啸滩景区	湖北省十堰市郧县大柳虎啸滩景区	4A
19	丹江口沧浪海旅游区	湖北省十堰市丹江口市石岸新城区武当大道1号	4A
20	十堰市博物馆	湖北省十堰市茅箭区北京北路91号	4A
21	郧阳革命烈士陵园红色旅游区	湖北省十堰市郧阳区	3A
22	曾家寨旅游区	湖北省十堰市竹溪县汇湾镇	3A
23	楠木寨旅游区	湖北省十堰市竹溪县新洲乡	3A
24	赛武当东沟红色旅游区	湖北省十堰市茅箭区茅塔乡东沟路	3A
25	东风汽车工业旅游区	湖北省十堰市张湾区	3A
26	金蟾峡旅游区	湖北省十堰市丹江口市	3A
27	女娲天池旅游区	湖北省十堰市竹山县城关镇090乡道	3A

续表

序号	名称	地址	级别
28	太极湖旅游区	湖北省十堰市丹江口市	3A
29	竹山县观音沟生态文化旅游区	湖北省十堰市竹山县楼台乡三台村	3A
30	营盘山生态旅游区	湖北省十堰市竹溪县	3A
31	湖北牛头山国家森林公园	湖北省十堰市张湾区	3A
32	湖北诗经源国家森林公园	湖北省十堰市房县	3A
33	松涛山庄景区	湖北省十堰市丹江口市	3A
34	龙吟峡旅游景区	湖北省十堰市郧阳区南化塘镇东溪村	3A
35	湖北偏头山国家森林公园	湖北省十堰市竹溪县城西部	3A
36	九华山森林公园	湖北省十堰市竹山县	3A
37	秦巴民众风情苑	湖北省十堰市竹山县官渡镇官渡街	3A
38	湖北沧浪山国家森林公园	湖北十堰市郧阳区鲍峡镇	3A
39	紫薇岛生态旅游度假区	湖北省十堰市茅箭区	3A
40	龙王垭观光茶园旅区	湖北省十堰市竹溪县龙王垭场	3A
41	丹江口市博物馆	湖北省十堰市丹江口市北京路120号	3A
42	丹江口大坝旅游区	湖北省十堰市丹江口市大坝路街道	3A
43	桃花湖旅游度假区	湖北省十堰市茅箭区小川乡赛武当路	2A
44	狮子岩度假村	十堰市丹江口市三官殿	2A
45	浪溪河千年古树群风景区	茅箭区大川镇	2A
46	郧西悬鼓公园	湖北省十堰市郧西县城关镇小河东路	2A
47	吕家河民歌村旅游区	十堰市丹江口市官山镇吕家河村	2A
48	夹河关旅游区	郧西县夹河镇	2A
49	显圣殿旅游区	湖北省十堰市房县军店镇显圣殿遗址	2A
50	诗经尹吉甫生态文化旅游区	湖北省十堰市房县尹吉甫镇房县尹吉甫镇人民政府	2A
51	大川生态农业观光园	湖北省十堰市茅箭区二堰街道大川路177号	2A
52	百二河生态休闲长廊	十堰市大川镇政府	2A
53	楚长城遗址	湖北省十堰市竹溪县	3A
54	郧阳烈士陵园红色旅游区	湖北省十堰市郧阳区城关镇城北路3号	3A
55	南潭生态文化旅游区	湖北省十堰市房县红塔镇南潭村	3A
56	武当红生态工业旅游区	湖北省十堰市郧西县城关镇激浪河村	3A
57	四方山植物园	湖北省十堰市张湾区	3A

(四)宜昌市

宜昌市位于湖北省西南部,地处长江中上游结合部,渝鄂湘三省市交汇地,以"三峡门户""川鄂咽喉"著称,总面积2.1万平方千米。是楚文化和巴文化发展的重要地望,被誉为"世界四大文化名人"之一的屈原,被称为"中国古代四大美人"的王昭君都出生于古宜昌(见表3-5)。

表3-5　　　　　　　　　　宜昌市A级景区分布情况

序号	名称	地址	级别
1	湖北省神农架旅游区	湖北省宜昌市兴山县神农架保护区	2012年(5A)
2	湖北省宜昌市三峡人家风景区	湖北省宜昌市夷陵区三斗坪石牌村	2011年(5A)
3	三峡大瀑布景区	湖北省宜昌市夷陵区黄花镇	4A
4	朝天吼漂流	湖北省宜昌市兴山县	4A
5	屈原故里文化旅游区	湖北省宜昌市秭归县凤凰山	2007年(5A)
6	三峡大坝旅游区	湖北省宜昌市夷陵区三斗坪镇	2007年(5A)
7	宜昌市长阳清江画廊景区	湖北省宜昌市长阳土家族自治县晒鼓坪村	2013年(5A)
8	晓峰风景区	湖北省宜昌市夷陵区黄花镇三峡晓峰旅游区	4A
9	远安鸣凤山景区	湖北省宜昌市远安县鸣凤镇远安县鸣凤山风景名胜区	4A
10	柴埠溪大峡谷风景区	湖北省宜昌市五峰土家族自治县渔关镇	4A
11	西陵峡口风景名胜区	湖北省宜昌市西陵区峡口风景区	4A
12	三游洞风景区	湖北省宜昌市西陵区峡口风景区	4A
13	石牌要塞旅游区	湖北省宜昌市夷陵区三峡路1号	4A
14	玉泉山风景名胜区	湖北省宜昌市当阳市玉泉街道玉泉寺	4A
15	五峰后河天门峡景区	湖北省宜昌市五峰土家族自治县五峰镇029乡道	4A
16	三峡湿地·杨守敬书院	湖北省宜昌市宜都市五眼泉镇三峡湿地	4A
17	金狮洞景区	湖北省宜昌市夷陵区小溪塔街道金狮洞风景区	4A
18	百里荒高山草原旅游区	湖北省宜昌市夷陵区夷陵经济开发区街道宜兴路253号	4A

续表

序号	名称	地址	级别
19	三峡竹海生态风景区	湖北省宜昌市秭归县茅坪镇三峡竹海生态风景区	4A
20	九畹溪旅游区	湖北省宜昌市秭归县茅坪镇	4A
21	车溪民俗风情区	湖北省宜昌市点军区土城乡	4A
22	点军区青龙峡漂流旅游区	湖北省宜昌市点军区桥边镇青龙峡旅游区	3A
23	大宋山景区	湖北省宜昌市宜都市	3A
24	情人泉景区	湖北省宜昌市夷陵区	3A
25	链子崖景区	湖北省宜昌市秭归县	3A
26	麻池古寨景区	湖北省宜昌市长阳土家族自治县	3A
27	长阳丹水漂流景区	湖北省宜昌市长阳土家族自治县贺家坪镇院坝屋	3A
28	步步升文化旅游区	湖北省宜昌市枝江市仙女镇	3A
29	西河大峡谷景区	湖北省宜昌市远安县荷花镇	3A
30	宜都奥陶纪	湖北省宜昌市宜都市潘家湾土家族乡	3A
31	古潮音洞度假山寨	湖北省宜昌市宜都市	3A
32	嫘祖文化园景区	湖北省宜昌市远安县荷花镇嫘祖镇	3A
33	鸣翠谷景区	湖北省宜昌市点军区点军街道	3A
34	长阳天柱山旅游区	湖北省宜昌市长阳土家族自治县	3A
35	西塞国旅游区	湖北省宜昌市夷陵区	3A
36	回龙湾风景区	湖北省宜昌市远安县洋坪镇双路村	3A
37	清江天龙湾旅游度假区	湖北省宜昌市宜都市	3A
38	昭君村古汉文化游览区	湖北省宜昌市兴山县昭君镇昭君村	3A
39	当阳关陵	湖北省宜昌市当阳市玉泉街道关陵路 147 号关陵	3A
40	宜昌中华鲟园	湖北省宜昌市夷陵区小溪塔街道中华鲟园	3A
41	沙浪奇观	湖北省宜昌市枝江市董市镇沙浪奇观	2A
42	五龙温泉风景区	湖北省宜昌市秭归县郭家坝镇庙垭村	2A
43	宜都市潘家湾土家族乡民俗文化博物馆	湖北省宜昌市宜都市潘家湾土家族乡石林路 134 号	2A
44	枝江市博物馆	湖北省宜昌市枝江市城区马家店街道办事处南岗路 50 号	2A
45	宜昌市袁裕校家庭博物馆	湖北省宜昌市点军区五龙村五龙河 10 号	2A

（五）襄阳市

襄阳市位于湖北省西北部，长江支流汉江的中游，中国历史文化名城。襄阳自古分为汉水（沔水）南北两岸的襄阳及樊城二城，隔汉江相望，二城在历史上都曾经是军事与商业重镇（见表3-6）。

表3-6　　　　　　　　襄阳市A级景区分布情况

序号	名称	地址	级别
1	五道峡风景区	湖北省襄阳市保康县后坪镇五道峡风景区	4A
2	谷城县承恩寺	湖北省襄阳市谷城县茨河镇承恩寺村	2A
3	枣阳市白竹园寺	湖北省襄阳市枣阳市新市镇白竹园寺林场	3A
4	隆中风景名胜区	湖北省襄阳市襄城区隆中大道461-1号	4A
5	唐城景区	湖北省襄阳市襄城区庞公街道中国唐城影视基地	4A
6	保康尧治河旅游区	湖北省襄阳市保康县尧治河村境内	4A
7	春秋寨旅游区	湖北省襄阳市南漳县东巩镇襄阳春秋寨景区	4A
8	凤凰温泉旅游区	湖北省襄阳市襄城区卧龙镇凤凰温泉	4A
9	汉家刘氏茶园旅游景区	湖北省襄阳市谷城县紫金镇	3A
10	五山堰河乡村旅游区	湖北省襄阳市谷城县五山镇堰河村	3A
11	无量台风景区	湖北省襄阳市枣阳市	3A
12	湖北薤山国家森林公园	湖北省襄阳市谷城县	3A
13	水镜庄风景区	湖北省襄阳市南漳县城关镇水镜庄	3A
14	襄阳南河小三峡风景区	湖北省襄阳市谷城县城西南23公里处	3A
15	青龙山熊河风景区	湖北省襄阳市枣阳市熊集镇	3A
16	唐梓山风景区	湖北省襄阳市枣阳市太平镇灵官殿	3A
17	米公祠景区	湖北省襄阳市樊城区米公街道米公祠	3A
18	宜城市博物馆	湖北省襄阳市宜城市中华大道9号	3A
19	紫薇林	湖北省襄阳市保康县城关镇紫薇林	2A
20	鹿门风景名胜区	湖北省襄阳市襄州区张湾街道航空路121号	2A
21	龙王峡景区	湖北省襄阳市南漳县肖堰镇龙王峡	2A
22	老河口市李宗仁司令长官部旧址	湖北省襄阳市老河口市光化街道北京路288号	2A
23	萧楚女纪念馆	湖北省襄阳市襄城区昭明街道昭明小学	2A
24	襄王府绿影壁	湖北省襄阳市襄城区王府街道襄阳王府绿影壁	1A
25	张自忠将军纪念馆	湖北省襄阳市宜城市襄沙大道55号	1A
26	香水河风景旅游区	湖北省襄阳市南漳县薛坪镇香水河景区	3A
27	黄家湾风景园	湖北省襄阳市襄城区隆中街道	3A
28	黄龙观风景区	湖北省襄阳市保康县马桥镇黄龙观村	3A

(六) 鄂州市

鄂州市位于湖北省东部,长江中游南岸。西邻武汉,东接黄石,北望黄冈。总面积 1594 平方千米。境内铁矿石探明储量居湖北省第二位,膨润土、珍珠岩等 31 种非金属矿探明储量居湖北省之首(见表 3-7)。

表 3-7　　　　　　　　鄂州市 A 级景区分布情况

序号	名称	地址	级别
1	莲花山旅游区	湖北省鄂州市鄂城区凤凰街道莲花山	4A
2	鄂州市博物馆	湖北省鄂州市鄂城区寒溪路 7 号	3A
3	西山风景区	湖北省鄂州市鄂城区武昌大道 222 号	3A
4	鄂州市海宁皮革城旅游区	湖北省鄂州市鄂城区新庙镇鄂州	3A

(七) 荆门市

荆门市位于湖北省中部,东眺武汉,西临三峡,南望潇湘,北通川陕,素有"荆楚门户"之称。辖 2 县、1 市、2 区,总面积 1.24 万平方千米。先后获中国优秀旅游城市、全国科技进步先进城市、全国造林绿化十佳城市、国家生态示范区试点城市等称号(见表 3-8)。

表 3-8　　　　　　　　荆门市 A 级景区分布情况

序号	名称	地址	级别
1	龙泉公园	湖北省荆门市东宝区	3A
2	漳河风景名胜区	湖北省荆门市东宝区漳河镇漳河风景名胜区	4A
3	绿林山风景区	湖北省荆门市京山县绿林镇绿林山生态旅游度假村	4A
4	明显陵	湖北省荆门市钟祥市洋梓镇明显陵景区	4A
5	黄仙洞	湖北省荆门市钟祥市客店镇黄仙洞景区	4A
6	彭墩乡村旅游世界	湖北省荆门市钟祥市石牌镇彭墩乡村世界	4A
7	钟祥市彭墩国家休闲农业旅游示范区	湖北省荆门市钟祥市石牌镇彭墩村	3A
8	太子山森林公园王莽洞景区	湖北省荆门市京山县	3A
9	钟祥市博物馆	湖北省荆门市钟祥市莫愁湖路 28 号	3A
10	天峡世界鲟鱼博览园	湖北省宜都市红花套镇荆门山大道 369 号	2A
11	天河度假村	湖北省京山县绿林镇	2A
12	沙洋油菜博物馆	湖北省荆门市沙洋县沙洋镇中国沙洋油菜博物馆	2A
13	纪山寺	湖北省荆门市沙洋县纪山镇	2A
14	荆门市博物馆	湖北省荆门市象山大道 19 号	2A

(八) 孝感市

位于湖北省东北部,因东汉孝子董永而得名,总面积8910平方千米,是孝文化之乡和楚文化的重要发祥地,也是革命老区。董永卖身葬父、黄香扇枕温衾、孟宗哭竹生笋等故事就发生在这里;有共和国开国将军50名,是刘华清、徐海东、刘震、聂凤智等将军的故乡(见表3-9)。

表3-9　　　　　　　　孝感市A级景区分布情况

序号	名称	地址	级别
1	董永公园	湖北省孝感市孝南区孝南区广场街街道	4A
2	汤池温泉	湖北省孝感市应城市汤池镇汤池温泉	4A
3	白兆山李白文化旅游区	湖北省孝感市安陆市烟店镇白兆山李白文化旅游区	4A
4	天紫湖生态旅游度假区	湖北省孝感市孝昌县邹岗镇	4A
5	观音湖生态文化旅游度假区	湖北省孝感市孝昌县观音湖生态文化旅游度假区	4A
6	双峰山旅游度假区	湖北省孝感市孝昌县双峰山旅游度假区孝感市双峰山旅游度假区	4A
7	黄香纪念园	湖北省孝感市云梦县义堂镇	3A
8	鄂豫边区烈士陵园	湖北省孝感市大悟县城关镇大悟县	3A
9	祥山博物馆	湖北省孝感市云梦县城关镇龙岗路1号	3A
10	新景园生态旅游度假区	湖北省孝感市孝南区孝南区西河镇西河·新景园	3A
11	大悟白果树湾新四军五师司令部旧址	湖北省孝感市大悟县芳畈镇新四军五师司令部旧址	3A
12	汉川公园	湖北省孝感市汉川市	3A
13	应城市寿宁禅寺	湖北省孝感市应城市四里棚街道办事处灵台山烧香台	2A
14	汈汊湖东湖游乐园	湖北省孝感市汉川市汈莲街1号	2A
15	徐海东大将亲属烈士陵园	湖北省孝感市大悟县新城镇严河村	2A
16	湖北孔庙旅游区	湖北省孝感市应城市古城大道23号	2A

(九) 荆州市

荆州市地处长江中游、湖北省中南部,总面积1.41万平方千米,先后被确定为国家历史文化名城、中国优秀旅游城市、国家园林城市、全国双拥模范城市,国家级承接产业转移示范区(见表3-10)。

表3-10　　　　　荆州市A级景区分布情况

序号	名称	地址	级别
1	张居正故居	湖北省荆州市荆州区	3A
2	悦兮半岛温泉旅游区	湖北省荆州市洪湖市乌林镇悦兮半岛酒店悦兮·半岛国际温泉度假村	4A
3	洪湖蓝田生态旅游风景区	湖北省荆州市洪湖市瞿家湾镇洪湖蓝田生态旅游风景区	4A
4	荆州古城历史文化旅游区	湖北省荆州市荆州区张居正街2号	4A
5	楚王车马阵景区	湖北省荆州市荆州区川店镇楚王车马阵景区	4A
6	九老仙都景区	湖北省荆州市荆州区东城街道荆州北路江陵盆景园	4A
7	荆州博物馆	湖北省荆州市荆州区荆中路166号	4A
8	湖北洈水国家森林公园	湖北省松滋市西南部	4A
9	北闸风景区	湖北省荆州市公安县埠河镇水利新街	3A
10	荆州万寿园	湖北省荆州市沙市区	3A
11	荆州关公馆	湖北省荆州市荆州区东城街道关帝庙	3A
12	湘鄂西苏区革命烈士陵园	湖北省荆州市洪湖市沿江路8号	3A
13	南岳山森林公园	湖北省荆州市石首市绣林街道	3A
14	周老嘴景区	湖北省荆州市监利县	3A
15	荆楚非物质文化遗产技能传承院	湖北省荆州市沙市区北京东路特1号	3A
16	关羽祠	湖北省荆州市荆州区西城街道	3A
17	祖师庙景区	湖北省荆州市监利县	3A
18	荆州盆景园	湖北省荆州市荆州区东城街道江陵盆景园	2A

（十）黄冈市

黄冈市地处湖北省东部、大别山南麓、长江中游北岸，辖7县、2市，1区，总面积1.74万平方千米。黄冈孕育了中国佛教禅宗四祖道信、五祖弘忍、六祖慧能，宋代活字印刷术发明人毕昇，明代医圣李时珍，地质科学家李四光，爱国诗人闻一多，国学大师黄侃，哲学家熊十力，文学评论家胡风，《资本论》中译者王亚南等一大批科学文化学者（见表3-11）。

表 3-11　　黄冈市 A 级景区分布情况

序号	名称	地址	级别
1	天堂寨景区	湖北省黄冈市罗田县天堂寨林场罗田天堂寨风景区	4A
2	四祖寺（湖北省黄冈市）	湖北省黄冈市黄梅县大河镇四祖村	4A
3	五祖寺	湖北省黄冈市黄梅县五祖镇五祖寺真慧禅寺	2A
4	黄州太平寺	湖北省黄冈市黄州区禹王办事处太平寺村	2A
5	麻城市龟峰山风景区	湖北省黄冈市麻城市张家畈镇龟峰山风景区	4A
6	麻城市烈士陵园	湖北省黄冈市麻城市龙池街道麻城烈士陵园	4A
7	李先念故居纪念园	湖北省黄冈市红安县高桥镇	4A
8	三角山旅游风景区	湖北省黄冈市浠水县三角山林场三角山	4A
9	黄麻起义和鄂豫皖苏区革命烈士陵园	湖北省黄冈市红安县杏花乡黄麻起义和鄂豫皖苏区革命烈士陵园	4A
10	桃花冲风景区	湖北省黄冈市英山县桃花冲林场大别山（英山）桃花冲风景区	4A
11	红安天台山风景区	湖北省黄冈市红安县天台山旅游开发管理处天台山	4A
12	大别山薄刀峰风景区	湖北省黄冈市罗田县薄刀峰林场罗田大别山薄刀峰风景区	4A
13	大别山主峰旅游风景区	湖北省黄冈市英山县石头咀镇大别山主峰风景区	4A
14	遗爱湖景区	湖北省黄冈市黄州区黄冈经济开发区遗爱湖公园	4A
15	东坡赤壁风景区	湖北省黄冈市黄州区赤壁街道东坡赤壁	4A
16	三江生态旅游度假区	湖北省黄冈市蕲春县	3A
17	伊利乳业园工业旅游区	湖北省黄冈市黄州区 168 号	3A
18	鄂人谷生态旅游度假村	湖北省黄冈市蕲春县	3A
19	七里坪镇长胜街景区	湖北省黄冈市红安县	3A
20	英山烈士陵园	湖北省黄冈市英山县温泉镇金石路 2 号	3A
21	武穴市仙姑山风景区	湖北省黄冈市武穴市	3A
22	武穴市横岗山景区	湖北省黄冈市武穴市梅川镇	3A
23	蕲春横岗山森林公园	湖北省黄冈市蕲春县	3A
24	齐安湖生态农庄	湖北省黄冈市黄州区陶店乡	3A
25	龙泉花海观光园	湖北省黄冈市蕲春县蕲州镇 112 县道	3A

续表

序号	名称	地址	级别
26	层峰山景区	湖北省黄冈市武穴市梅川镇层峰山	3A
27	希尔寨生态农庄	湖北省黄冈市武穴市梅川镇铜鼓村	3A
28	圣人堂景区	湖北省黄冈市罗田县九资河镇圣人堂村	3A
29	燕儿谷生态农庄	湖北省黄冈市罗田县骆驼坳镇	3A
30	吴氏祠景区	湖北省黄冈市红安县八里镇吴氏祠	3A
31	大崎山风景区	湖北省黄冈市团风县贾庙乡大崎山森林公园	2A
32	斗方山风景区	湖北省黄冈市浠水县白莲镇斗方山风景旅游区	2A
33	安国寺	湖北省黄冈市黄州区赤壁街道安国寺景区	2A
34	李时珍医道文化旅游区普阳观	湖北省黄冈市蕲春县蕲州镇蕲春县李时珍医院	4A
35	孝感乡文化园	湖北省黄冈市麻城市南湖街道湖广大道	4A
36	乌云山茶叶公园	湖北省黄冈市英山县红山镇	3A
37	大鑫湾仙人湖养生度假区	湖北省黄冈市蕲春县大同镇游山村	3A
38	陈潭秋故居	湖北省黄冈市黄州区陈策楼镇陈策楼村	3A
39	宋河生态山庄	湖北省黄冈市武穴市梅川镇吕四房村	3A
40	红安县将军文化影视城	湖北省黄冈市红安县城关镇红安将军文化影视基地	3A
41	英山县大别山丽景风景区	湖北省黄冈市英山县	3A
42	玫瑰谷景区	湖北省黄冈市黄梅县柳林乡黄梅县	3A
43	神峰山庄	湖北省黄冈市英山县孔家坊乡	3A
44	天堂湖景区	湖北省黄冈市罗田县九资河镇	3A
45	湖北五脑山国家森林公园	湖北省黄冈市麻城市沪蓉高速与大港高速交叉口东北侧	4A
46	黄州区博物馆（黄冈市李四光纪念馆）	湖北省黄冈市黄州区体育路21号	3A
47	黄冈市博物馆	湖北省黄冈市黄州区明珠大道110号	3A
48	李时珍纪念馆	湖北省黄冈市蕲春县蕲州镇时珍路168号	2A
49	浠水县闻一多纪念馆	湖北省黄冈市浠水县清泉镇红烛路1号	2A
50	麻城市革命博物馆	湖北省黄冈市麻城市陵园路75号	3A
51	麻城市乘马会馆纪念馆	湖北省黄冈市麻城市乘马岗镇乘马岗村乘马岗街	2A
52	浠水县博物馆	湖北省黄冈市浠水县清泉镇新华正街349号	2A

(十一) 咸宁市

东临赣北,南接潇湘,西望荆楚,北倚武汉,辖4县1市1区,总面积9861平方千米。称谓起源于宋真宗景德四年（1007年）,取《易·乾象》"万国咸宁"之义,将永安易名咸宁,寓全都安宁之意,是中国桂花之乡、楠竹之乡、苎麻之乡、茶叶之乡、温泉之乡（见表3-12）。

表3-12　　　　　　　　　咸宁市 A 级景区分布情况

序号	名称	地址	级别
1	九宫山风景名胜区	湖北省咸宁市通山县通羊镇洋都大道80号	4A
2	三国赤壁古战场	湖北省咸宁市赤壁市赤壁镇武侯巷6号	2018年(5A)
3	楚天瑶池温泉度假村	湖北省咸宁市咸安区温泉街道楚天瑶池温泉度假村	4A
4	温泉谷度假区	湖北省咸宁市温泉区温泉路潜山国家森林公园	4A
5	太乙国际温泉度假区	湖北省咸宁市咸安区浮山办事处太乙村	4A
6	龙佑赤壁温泉度假区	湖北省咸宁市赤壁市蒲圻街道咸宁市龙佑赤壁温泉度假区	4A
7	陆水湖风景名胜区	湖北省咸宁市赤壁市	4A
8	三江森林旅游区	湖北省咸宁市咸安区温泉街道三江森林温泉度假区	4A
9	通山隐水洞地质公园	湖北省咸宁市通山县大畈镇湖北通山隐水洞地质公园	4A
10	山湖温泉风景区	湖北省咸宁市嘉鱼县三湖连江风景区内嘉鱼县山湖温泉旅游度假	4A
11	三峡试验坝主题公园景区	湖北省咸宁市赤壁市	3A
12	黄袍山国家油茶产业示范园	湖北省咸宁市通城县隽水镇	3A
13	湖北潜山国家森林公园	湖北省咸宁市咸安区	3A
14	中华水浒城	湖北省咸宁市赤壁市陆水湖街道	3A
15	咸宁玄素洞	湖北省咸宁市赤壁市陆水湖街道	3A
16	鸣水泉风景区	湖北省咸宁市咸安区桂花镇	3A
17	嘉鱼官桥八组旅游区	湖北省咸宁市嘉鱼县	3A
18	澄水洞旅游区	湖北省咸宁市咸安区高桥镇	3A

续表

序号	名称	地址	级别
19	大泉洞景区	湖北省咸宁市崇阳县青山镇青山水库18号	3A
20	黄龙山旅游区	湖北省咸宁市通城县黄龙林场F10县道	3A
21	赤壁市圆通寺（将军寺）	湖北省咸宁市赤壁市赵李桥镇羊楼洞街道	2A
22	赤壁市观音寺	湖北省咸宁市赤壁市蒲圻街道办事处望山村	2A
23	闯王陵	湖北省咸宁市通山县闯王陵文管所	2A
24	江南明清石窗博物馆	湖北省咸宁市赤壁市赤马港街道赤壁市博物馆	2A
25	羊楼洞烈士墓群	湖北省咸宁市赤壁市余家桥乡枫桥烈士墓	2A
26	罗荣桓早期革命纪念馆	湖北省咸宁市通城县塘湖镇002乡道	2A
27	太乙洞	湖北省咸宁市咸安区浮山街道	2A
28	星星竹海风景区	湖北省咸宁市咸安区汀泗桥镇	2A
29	桂花森林公园	湖北省咸宁市崇阳县	3A
30	北伐汀泗桥战役遗址	湖北省咸宁市赤壁市官塘驿镇京广铁路西侧西山头	2A

（十二）随州市

随州市位于湖北省北部，闻名于世的曾侯乙编钟出土于此，也是华夏始祖炎帝神农的诞生地；地处长江流域和淮河流域的交汇地带，东承武汉，西接襄樊，北临信阳，南达荆州，是湖北省对外开放的"北大门"，国家实施西部大开发战略由东向西的重要接力站和中转站（见表3-13）。

表3-13　　　　　　　　随州市A级景区分布情况

序号	名称	地址	级别
1	西游记漂流	湖北省随州市随县淮河镇境内	4A
2	随州文化公园	湖北省随州市曾都区东城街道随州文化公园	4A
3	大洪山风景名胜区	湖北省随州市随县	4A
4	千年银杏谷景区	湖北省随州市曾都区洛阳镇中国千年银杏谷景区	4A
5	西游记公园	湖北省随州市随县洪山镇西游记公园	4A
6	炎帝神农故里风景区	湖北省随州市随县厉山镇随州炎帝故里风景名胜区	4A
7	大洪山琵琶湖风景区	湖北省随州市随县洪山镇琵琶湖风景区	3A

续表

序号	名称	地址	级别
8	随州黑龙潭景区	湖北省随州市广水市	3A
9	云峰山万亩茶园风景区	湖北省随州市随县洪山镇东山路48号	3A
10	林泉生态园长寿谷景区	湖北省随州市随县洪山镇	3A
11	高贵三潭风景区	湖北省随州市广水市	2A
12	曾侯乙墓景区	湖北省随州市曾都区南郊街道曾侯乙墓	2A

(十三) 恩施土家族苗族自治州

位于湖北省西南部，总面积2.4万平方千米，辖2市和6县，是共和国最年轻的自治州，也是湖北省唯一的少数民族自治州。地处武汉和重庆两大"火炉"之间，是最适宜人类居住的地区之一（见表3-14）。

表3-14 恩施土家族苗族自治州A级景区分布情况

序号	名称	地址	级别
1	恩施州恩施大峡谷景区	湖北省恩施土家族苗族自治州恩施市047乡道	2015年 (5A)
2	仙佛寺（湖北省恩施土家族苗族自治州）	湖北省恩施土家族苗族自治州来凤县翔凤镇关口村	4A
3	湖北省恩施州神龙溪纤夫文化旅游区	湖北省恩施土家族苗族自治州巴东县城信陵镇沿江路191号	2011年 (5A)
4	野三河景区	湖北省恩施土家族苗族自治州建始县花坪镇野三河风景区	4A
5	石门河景区	湖北省恩施土家族苗族自治州巴东县大支坪镇石门河景区	4A
6	链子溪原生态文化旅游区	湖北省恩施土家族苗族自治州巴东县信陵镇链子溪	4A
7	伍家台旅游区	湖北省恩施土家族苗族自治州宣恩县万寨乡伍家台	2017年 (4A)
8	唐崖河景区	湖北省恩施土家族苗族自治州咸丰县黄金洞乡唐崖河风景名胜区	4A
9	大水井文化旅游区	湖北省恩施土家族苗族自治州利川市团堡镇大水井	4A

续表

序号	名称	地址	级别
10	龙船水乡景区	湖北省恩施土家族苗族自治州利川市凉雾乡龙船水乡风景区	4A
11	佛宝山大峡谷漂流景区	湖北省恩施土家族苗族自治州利川市佛宝山生态综合开发区佛宝山大峡谷漂流	4A
12	巴人河旅游景区	湖北省恩施土家族苗族自治州巴东县茶店子镇巴人河生态旅游区	4A
13	土家女儿城旅游区	湖北省恩施土家族苗族自治州恩施市舞阳坝街道土家女儿城	4A
14	鹤峰县满山红景区	湖北省恩施土家族苗族自治州鹤峰县容美镇025乡道	4A
15	土司城	湖北省恩施土家族苗族自治州恩施市小渡船街道恩施土司城	4A
16	梭布垭石林旅游区	湖北省恩施土家族苗族自治州恩施市太阳河乡梭布垭石林景区	4A
17	来凤杨梅古寨景区	湖北省恩施土家族苗族自治州来凤县三胡乡杨梅古寨景区	4A
18	咸丰坪坝营原生态休闲旅游区	湖北省恩施土家族苗族自治州咸丰坪坝营镇坪坝营原生态休闲旅游区	4A
19	腾龙洞风景区	湖北省恩施土家族苗族自治州利川市东城街道	4A
20	丽森休闲度假村	湖北省恩施土家族苗族自治州利川市南坪乡	3A
21	邓玉麟将军故居	湖北省恩施土家族苗族自治州巴东县野三关镇021县道	3A
22	朝阳观旅游区	湖北省恩施土家族苗族自治州	3A
23	恩施市二官寨景区	湖北省恩施土家族苗族自治州恩施市白果乡	3A
24	宣恩县上好硒博园	湖北省恩施土家族苗族自治州宣恩县椒园镇椒石路58号	3A
25	巴东寇准公园	湖北省恩施土家族苗族自治州巴东县	3A
26	巴东县链子溪原生态文化旅游区	湖北省恩施土家族苗族自治州巴东县	3A

续表

序号	名称	地址	级别
27	无源洞旅游景区	湖北省恩施土家族苗族自治州巴东县	3A
28	来凤县卯洞景区	湖北省恩施土家族苗族自治州来凤县	3A
29	恩施州龙麟宫景区	湖北省恩施土家族苗族自治州恩施市六角亭街道	3A
30	枫香坡侗族风情寨	湖北省恩施土家族苗族自治州恩施市芭蕉侗族乡	3A
31	清江源现代农业科技园	湖北省恩施土家族苗族自治州恩施市	3A
32	鹤峰湘鄂边苏区鹤峰革命烈士陵园	湖北省恩施土家族苗族自治州鹤峰县容美镇陵园路21号	2A
33	福宝山生态综合开发区	湖北省恩施土家族苗族自治州利川市佛宝山生态综合开发区福宝山	2A
34	苏马荡景区	湖北省恩施土家族苗族自治州利川市谋道镇天韵江山	2A
35	龙渠休闲度假村	湖北省恩施土家族苗族自治州利川市忠路镇龙渠路	2A
36	朝阳洞景区	湖北省恩施土家族苗族自治州利川市	3A
37	玉龙洞景区	湖北省恩施土家族苗族自治州利川市	3A

（十四）仙桃市

原名沔阳，位于湖北省中南部的江汉平原腹地，面积2538平方千米。是全国百强县（市）、湖北首强县（市）、全国卫生城市、全国绿化先进市（见表3-15）。

表3-15　　　　　仙桃市A级景区分布情况

序号	名称	所在地址	级别
1	沔城风景名胜区	湖北省仙桃市沔城回族镇九贺门正街93号	2A

（十五）神农架林区

位于湖北省西北部，东瞰荆襄、南临三峡、西望巴蜀、北顾武当。相传炎帝神农氏曾在这里架木为坛，跨鹤飞仙，故名"神农架"。1970年经国务院批准建制，是中国唯一以"林区"命名的行政区。总面积3253平方千米，下辖6镇2乡（见表3-16）。

表 3-16　　　　　　　神农架林区 A 级景区分布情况

序号	名称	地址	级别
1	神农架红坪景区	湖北省神农架林区红坪镇神农架红坪景区	4A
2	神农顶风景	湖北省神农架林区九湖镇	4A
3	神农架天燕旅游区	湖北省神农架林区红坪镇天燕景区	4A
4	天生桥景区	湖北省神农架林区木鱼镇天生桥	3A
5	香溪源景区	湖北省神农架林区木鱼镇	3A

（十六）潜江市

位于湖北省中南部、江汉平原腹地，是连接湖北东西部的桥梁城市。总面积 2004 平方千米，境内有全国十大油田之一的江汉油田，辖 16 个镇处，有"曹禺故里、江汉油城、水乡园林、龙虾之乡"的美誉。

（十七）天门市

地处江汉平原北部，因境内天门山而得名。1987 年撤县建市，1994 年由省直管，是武汉城市圈成员之一。总面积 2622 平方千米，素有棉乡、侨乡、文化之乡"三乡宝地"美誉。是"茶圣"陆羽，唐代诗人皮日休，明代竟陵派文学创始人钟惺、谭元春，清朝状元蒋立镛等历史名人故里。

第二节　AHP 方法评价结果

一、AHP 评价模型构建

根据本书研究需要，目标层为湖北省资源最优城市；方案层为湖北省全部 17 个州市；准则层为"观赏游憩使用价值、历史文化科学艺术价值、珍稀奇特程度、规模丰度与几率、完整性、知名度和影响力、适游期或使用范围、环境保护与环境安全"共 8 个因素。如图 3-1 所示。

B1—B8 依次为观赏游憩使用价值、历史文化科学艺术价值、珍稀奇特程度、规模丰度与几率、知名度和影响力、适游期或使用范围、环境保护与环境安全、完整性。

C1—C17 依次为：武汉市、黄石市、十堰市、宜昌市、襄阳市、鄂州市、荆门市、孝感市、荆州市、黄冈市、咸宁市、随州市、恩施土家族苗族自治州、仙桃市、神农架林区、潜江市。

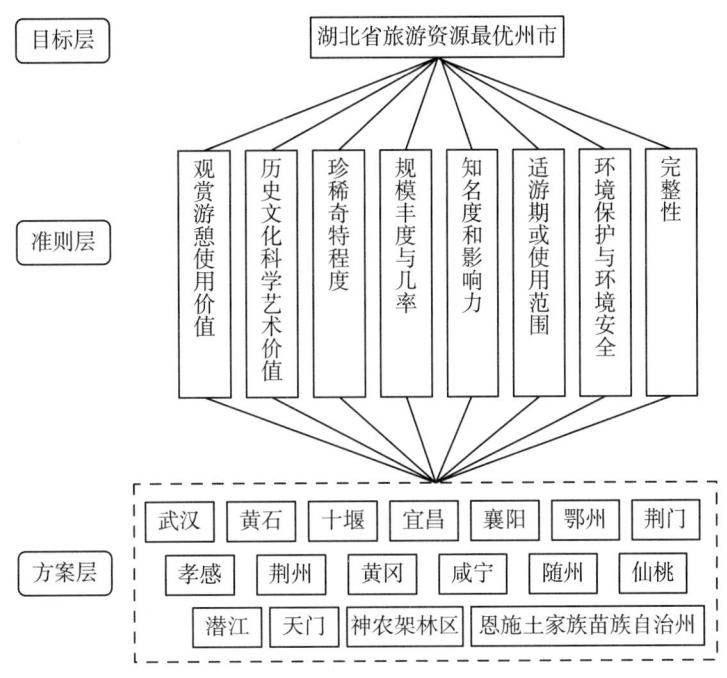

图 3-1　湖北省旅游资源评价 AHP 模型

用字母代替后模型如图 3-2 所示：

其中：A 为湖北省旅游资源最优州市

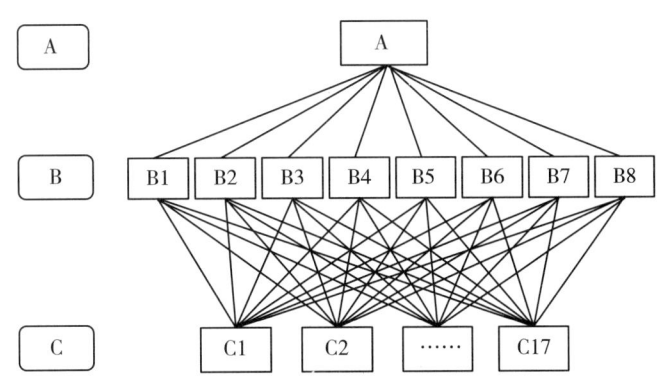

图 3-2　模型图

二、计算步骤

（一）模型假设

假设：

准则层 B_i ($i=1,\cdots,8$) 对目标层 A 的权重为：W_i ($i=1,\cdots,8$)

样本层 C_j ($j=1,\cdots,17$) 对准则层 B_i 的权重为：a_{ij} ($i=1,\cdots,8$, $j=1,\cdots,17$)

则样本层 C_j 对目标层的最终权重为：

$$A = \sum_{i=1}^{8} w_i \cdot B_i = \sum_{i=1}^{8} w_i \cdot \left(\sum_{j=1}^{17} a_{ij} \cdot C_j \right) = \sum_{j=1}^{17} C_j \cdot \left(\sum_{i=1}^{8} w_i \cdot a_{ij} \right)$$

由此得任一样本 C_j 对目标 A 的权重值为：

$$\sum_{i=1}^{8} w_i \cdot a_{ij}$$

该权重的大小也就表明了样本 C_j 对目标层 A 的意义或影响程度。层次分析法设计者将线性代数处理转化为建立在实验心理学基础上的判断表格，并进而形成判断矩阵，通过矩阵的特征值和特征向量，求出近似值以完成权重的最后求取。

（二）相对重要性标度

相对重要性标度见表3-17。

表3-17　　　　　　　　相对重要性标度

标度	定义
1	i 因素与 j 因素同样重要
3	i 因素比 j 因素略微重要
5	i 因素与 j 因素比较重要
7	i 因素与 j 因素非常重要
9	i 因素与 j 因素绝对重要
2, 4, 6, 8	为以上两判断之间的中间状态对应的标度值
倒数	若 i 因素与 j 因素比较，得到判断值为 $a_{ij}=1/a_{ji}$，$a_{ii}=1$

（1）计算矩阵各行各元素乘积

$$m_i = \prod_{i=1}^{n} a_{ij}$$

(2) 计算 n 次方根

$$\overline{w_i} = \sqrt[n]{m_i}$$

(3) 对向量 $\overline{w} = (\overline{w_1}, \overline{w_2}, \cdots, \overline{w_n})^T$ 进行规范化

$$\hat{w}_i = \frac{\hat{w}_i}{\sum_{j=1}^{n} \hat{w}_j} \quad j = 1, 2, \cdots, n$$

得到 $\hat{w} = (\hat{w}_1, \hat{w}_2, \cdots, \hat{w}_n)^T$，为所求特征向量近似值，即各因素权重。

(4) 计算矩阵的最大特征值 λ_{max}

$$\lambda_{max} = \frac{1}{n} \sum_{i=1}^{n} \frac{(A\hat{w})_i}{w_i}$$

其中，$(A\hat{w})_i$ 为向量 $A\hat{w}$ 的第 i 个元素。

(三) 矩阵一致性计算公式

计算判断矩阵一致性指标，并检验其一致性，为检验矩阵的一致性，定义

$$CI = \frac{\lambda_{max}}{n-1}。$$

当完全一致时，$CI = 0$。CI 愈大，矩阵的一致性愈差。对 1~9 阶矩阵的矩阵随机一致性比例：

$$CR = \frac{CI}{RI}、\quad RI = \sum_{i=1}^{8} B_i (RI)_i$$

三、资源测算结果

(一) 评价体系确定

根据专家咨询小组的建议以及对其数值进行计算整理，最终得到湖北省旅游资源评价指标体系并设计相应问卷，在德尔菲专家意见法（Delphi Method）上匿名向咨询小组专家们发送问卷征求意见，要求专家小组成员使用 1~9 个等级对准则层 8 个评价因子进行比较和评分，构造判断矩阵，获得相同层次每个指标的相对重要性，运用 Yaahp 软件和 Excel 软件进行一致性检验，各判断矩阵<0.1。此外，计算各评价因子的平均数及变异系数，由表 3-18 可知，各评价因子的变异系数均<0.3，由此可知八个评价因子均做保留，得到湖北省旅游资源评价体系。

表3-18　湖北省旅游资源评价体系

目标层	准则层	评价因子	平均分	变异系数	是否保留
湖北省旅游资源最优州市A	资源要素价值B1	观赏游憩使用价值C1	4.14	0.22	是
		历史文化科学艺术价值C2	3.84	0.18	是
		珍稀奇特程度C3	3.78	0.17	是
		规模、丰度与几率C4	4.12	0.20	是
		完整性C5	3.52	0.20	是
	资源影响力B2	知名度和影响力C6	3.84	0.19	是
		适游期或使用范围C7	3.88	0.20	是
	附加值B3	环境保护与环境安全C8	3.42	0.14	是

（二）评价权重计算

在准则层中根据专家评分及排名可知，资源要素价值、资源影响力和附加值权重值分别为0.591、0.247、0.162。从评价决策层8个因子权重来看，观赏游憩使用价值（C1）权重为0.316，综合权重为0.187；历史文化科学艺术价值（C2）权重0.225，综合权重为0.133 珍稀奇特程度（C3）权重为0.144，综合权重0.085；规模、丰度与几率（C4）权重为0.207，综合权重0.122；完整性（C5）权重为0.108，综合权重0.064；知名度和影响力（C6）权重为0.668，综合权重0.165；适游期或使用范围（C7）权重为0.332，综合权重0.082；附加值中因为只有一个因子，因此环境保护与环境安全权重为1，综合权重为0.162（见表3-19）。

表3-19　湖北省旅游资源评价指标权重

准则层	评价因子	权重	综合权重	排名
资源要素价值B1 0.591	观赏游憩使用价值C1	0.316	0.187	1
	历史文化科学艺术价值C2	0.225	0.133	4
	珍稀奇特程度C3	0.144	0.085	6
	规模、丰度与几率C4	0.207	0.122	5
	完整性C5	0.108	0.064	8
资源影响力B2 0.247	知名度和影响力C6	0.668	0.165	2
	适游期或使用范围C7	0.332	0.082	7
附加值B3 0.162	环境保护与环境安全C8	1	0.162	3

(三) 城市旅游资源得分测算

在德尔菲专家意见法的基础上，通过实地调查研究对湖北省旅游资源评价指标进行问卷调查，以资源评价中"观赏游憩使用价值、历史文化科学艺术价值、珍稀奇特程度、规模丰度与几率、完整性、知名度和影响力、适游期或使用范围、环境保护与环境安全"八个因素作为依据编制问卷供游客填写，使用Likert量表5分制的方法对各景区每个指标进行调查，由不同数值1、2、3、4和5表示不同的得分情况，如表3-20、表3-21、表3-22、表3-23所示。

表3-20　　　　　　　　湖北省旅游资源综合得分（1）

准则层	评价指标	综合权重	武汉 综合得分	黄石 综合得分	十堰 综合得分	宜昌 综合得分
资源要素价值	C1	0.187	33.6600	11.07000	31.9770	32.8185
	C2	0.133	17.9600	8.72000	23.5011	20.3490
	C3	0.085	13.7700	5.44000	14.7288	13.3875
	C4	0.122	19.6500	8.26000	20.8620	19.2150
	C5	0.064	11.5200	4.32000	11.34528	9.7920
资源影响力	C6	0.165	31.9300	10.30000	28.2150	28.9575
	C7	0.082	15.5000	4.97000	13.0872	13.2840
附加值	C8	0.162	27.7020	10.32000	27.7020	28.5768
总分	—	—	171.6867	63.39808	171.4184	166.3803

表3-21　　　　　　　　湖北省旅游资源综合得分（2）

准则层	评价指标	综合权重	襄阳 综合得分	鄂州 综合得分	荆门 综合得分	孝感 综合得分
资源要素价值	C1	0.187	17.80240	2.992	9.4248	9.8736
	C2	0.133	14.89600	2.128	8.5120	7.4480
	C3	0.085	7.37800	1.360	4.5220	4.0800
	C4	0.122	10.24800	1.952	6.6612	5.6608
	C5	0.064	5.34016	1.024	3.5840	2.8672
资源影响力	C6	0.165	13.86000	2.640	8.7780	7.9200
	C7	0.082	8.26560	1.312	4.3624	4.1984
附加值	C8	0.162	17.23680	2.592	9.0720	9.3312
总分	—	—	95.02696	16.000	54.9164	51.3792

表 3-22　　　　　　　　湖北省旅游资源综合得分（3）

准则层	评价指标	综合权重	荆州 综合得分	黄冈 综合得分	咸宁 综合得分	随州 综合得分
资源要素价值	C1	0.187	11.1078	25.2824	20.196	7.854
	C2	0.133	9.5760	24.8976	11.970	5.586
	C3	0.085	4.5900	13.2600	8.670	3.570
	C4	0.122	7.2468	18.3976	14.640	5.124
	C5	0.064	3.4560	8.6528	7.680	2.688
资源影响力	C6	0.165	11.8800	20.5920	19.800	7.920
	C7	0.082	5.7564	12.7920	7.380	3.444
附加值	C8	0.162	11.6640	25.2720	14.094	6.804
总分	—	—	65.2770	149.1464	104.430	42.990

表 3-23　　　　　　　　湖北省旅游资源综合得分（4）

准则层	评价指标	综合权重	恩施 综合得分	仙桃 综合得分	神农架 综合得分	潜江 综合得分	天门 综合得分
资源要素价值	C1	0.187	30.4436	0.67320	3.927	0	0
	C2	0.133	18.6998	0.54530	2.660	0	0
	C3	0.085	12.5800	0.34000	1.700	0	0
	C4	0.122	18.5074	0.39040	2.440	0	0
	C5	0.064	10.1824	0.23040	1.280	0	0
资源影响力	C6	0.165	26.2515	0.49500	3.300	0	0
	C7	0.082	12.1360	0.24436	1.640	0	0
附加值	C8	0.162	26.9730	0.56700	3.240	0	0
总分	—	—	155.7737	3.48566	20.187	0	0

由表 3-24 可知，湖北省旅游资源综合得分排名前五的分别是武汉市、十堰市、宜昌市、恩施土家族苗族自治州、黄冈市。武汉市 A 级旅游资源总得分 171.68，在湖北省旅游资源综合得分排名第一，有 45 个 A 级景区，拥有其他大都市罕有的 166 个湖泊和众多山峦，人文景观具有浓郁的楚文化特色，被评为"中国优秀旅游城市"。十堰市是世界文化遗产著名道教圣地武当山、南水北调中线工程调水源头丹江口水库的所在地，旅游资源综合得分 171.42，在湖北省旅游资源综合得分中排名第二。宜昌市拥有 45 个 A 级景区，旅游资源综合得分 166.3803，在湖北省旅游资源综合得分中排名第三。恩施土家族苗族自治州是中

国优秀旅游城市，国家园林城市，湖北省九大历史文化名城之一，37 个 A 级景区，旅游资源综合得分 155.77，在湖北省旅游资源综合得分中排名第四。黄冈市拥有 52 个 A 级景区，旅游资源综合得分 149.15，在湖北省旅游资源综合得分中排名第五。咸宁市、襄阳市、荆州市、黄石市、荆门市分别在湖北省旅游资源综合得分中排名第六至十名，得分分别是 104.43、95.03、65.28、63.4、54.92。孝感市、随州市、神农架林区、鄂州、仙桃、潜江、天门分别在湖北省旅游资源综合得分中占第十一至十六位，综合得分分别是 51.4、42.99、20.19、16、3.48566、0，这些城市 A 级旅游景区数量较少，旅游发展处于劣势地位。

根据以上湖北省旅游资源综合得分表（1）（2）（3）和（4）中的综合得分的总分项目可以发现武汉市与十堰市、黄冈市、宜昌市、恩施市和咸宁市均已超过 140 分，排名位于前六位，其次是黄石、襄阳、荆州居于中间位置，其他城市发展资源禀赋上不具有太大的竞争力，位居下游（见表 3-24）。

表 3-24　　　　　　湖北省旅游资源综合得分及排名

序号	城市	综合得分	排名
1	武汉	171.68670	1
2	黄石	63.39808	9
3	十堰	171.41840	2
4	宜昌	166.38030	3
5	襄阳	95.02696	7
6	鄂州	16.00000	14
7	荆门	54.91640	10
8	孝感	51.37920	11
9	荆州	65.27700	8
10	黄冈	149.14640	5
11	咸宁	104.43000	6
12	随州	42.99000	12
13	恩施土家族苗族自治州	155.77370	4
14	仙桃	3.48566	15
15	神农架	20.18700	13
16	潜江	0	16
17	天门	0	16

将湖北省资源汇总表的各个分表汇总可以直观得到以上总表及排序，可以得出湖北省旅游资源发展条件的评估结果。

第四章 湖北省旅游发展空间对接分析

2013年9—10月，习近平总书记在出访国外时，提出"一带一路"倡议①，2015年3月28日，国家发展和改革委、外交部、商务部联合发布《推动共建丝绸之路经济带和21世纪海上丝绸之路的愿景与行动》，标志着中国"一带一路"倡议构想的启动实施。此倡议是古代丝绸等贸易之路根据当今世界的新形势做出的扩展和延伸，这一倡议的提出给中国以及沿线各国带来了前所未有的发展机会。世界各国纷纷响应这一倡议，印度、巴基斯坦先后加入上海合作组织，为该组织发展增加了新动力，对"一带一路"倡议的实施具有重要意义②。国内各省市抓住这一机会发展壮大，新疆作为"一带一路"倡议试验和实施的重要基地，正在积极创新、完善交通基础设施、建设现代服务业，打造"丝绸之路经济带"新疆核心区③。

相对于丝路先锋省份的快速反应和行动，湖北省等内陆省份也意识到旅游业作为相对能源需求较少、环境破坏较小、进入门槛较低的行业的优势所在。因此，"一带一路"倡议一经推出，就受到各地政府的拥护，各地纷纷以此为契机发展旅游业。但是，并非国内所有省市都能够顺利搭上"一带一路"建设发展的便车，湖北省就面临这样的问题。由于与这个政策并没有直接联系，湖北省对于政策优势的利用显得困难，但是湖北省还是积极地推动旅游业和"一带一路"倡议、本省的"长江经济带"规划发展、"两个城市圈"规划发展的紧密结合，不断发挥旅游业对于经济的促进作用。基于此，本书试图从旅游的角度出发，探寻湖北旅游发展与"一带一路"倡议的对接点。

湖北省旅游资源丰富，旅游业发展也取得了很多喜人的成绩。截至2015年

---

① "一带一路"是"丝绸之路经济带"和"21世纪海上丝绸之路"的简称。
② 胡键. 一带一路战略构想及其实践研究［M］. 时事出版社，2016（1）.
③ 孙久文，高志刚. 丝绸之路经济带与区域经济发展研究［M］. 经济管理出版社，2015. 其中"丝绸之路经济带三大通道"指起于"环渤海经济圈"的北通道，起于"长三角经济圈"的中通道，起于"珠三角经济圈"的南通道。

底,湖北省 5A 级景区数量为 11 个,居全国第三位,仅次于江苏(19 个)和浙江(12 个)①。但旅游资源分布的不均衡和发展的不平衡也是显而易见的,其重点区域主要是以武汉为中心的东部和以宜昌为中心的西部。旅游资源的区位与旅游收入存在着不匹配的和资源的空间上的错位现象,如果能找出错位的根源所在就能找到直观的解决办法。

第一节 旅游空间错位的评价指标

一、旅游丰度指数分析

旅游丰度,顾名思义就是旅游资源的丰富程度。虽然一个地方 A 级景区的总数量和不同等级景区数量的多少可以用来表示其旅游资源的丰富程度,但这里需要比较不同市州的旅游丰度,而绝对数不具可比性。所以,为了比较公平地反映各个地区的真实情况,此处引入旅游丰度指数 R_i ②。其计算公式如下:

$$R_i = \frac{X_{i1} + X_{i2} + X_{i3} + X_{i4} + X_{i5}}{\frac{1}{n}\sum_{i=1}^{n} X_i} \quad (4-1)$$

其中,R_i 为 i 市旅游资源丰度指数,X_{i1} 为 i 市 1A 级旅游景区,X_{i2} 为 i 市 2A 级旅游景区,X_{i3} 为 i 市 3A 级旅游景区,X_{i4} 为 i 市 4A 级旅游景区,X_{i5} 为 i 市 5A 级旅游景区,X_i 为 i 市所有 A 级旅游景区之和。

简单地说,旅游丰度指数就是一个市的 A 级景区的总数量与全省所有 A 级景区总数量之比(以省为测算单位)。

二、旅游质量指数分析

"质量"在这里有"效率"的含义,效率即单位时间完成的工作量③。类比

---

① 数据来源于湖北省旅游政务网 http://www.hubeitour.gov.cn/a/2015/11/19281/。
② 该指数根据丁旭生等的研究演变而来。丁旭生,李永文,吕可文. 基于空间错位理论的河南省旅游发展区域差异研究 [J]. 地理与地理信息科学,2011,2:106-108.
③ 来自现代汉语词典。

这个概念，此处将旅游质量定义为单位游客数量所带来的旅游收入。若较少的客流量能够带来较高的收入，就称其旅游质量高；相反，若较多的客流量带来较少的收入，就称其旅游质量低。李振亭等研究中首次提出了旅游流流质的概念[①]，他们在计算旅游流流质的时候，由于信息流、物质流等难以量化，所以暂时将其限定为经济学意义上的高低。故此处将旅游质量等同于旅游流流质比较合理。具体计算方法是某市旅游收入的市场份额（即该市旅游收入与全省旅游总收入之比）与旅游人次的市场份额（即该市的旅游人次与全省旅游人次之比）之比。引入旅游质量指数 Q_i[②]，比较湖北省各市的旅游质量。公式如下：

$$Q_i = \frac{a_i}{b_i} = \frac{\dfrac{x_i}{\sum_{i=1}^{n} x_i}}{\dfrac{y_i}{\sum_{i=1}^{n} y_i}} \qquad (4-2)$$

其中，Q_i 为 i 市旅游质量指数，a_i 为 i 市旅游收入占湖北省旅游总收入的比重，b_i 为 i 市旅游人数占湖北省旅游总人数的比重，x_i 为 i 市旅游收入，y_i 为 i 市旅游人数。

第二节 数据结果

一、旅游丰度指数分析

为了计算湖北省各市的旅游丰度，收集各市的各类 A 级景区数量[③]，根据 (4-1) 式，计算出湖北省各市州的旅游丰度指数如表 4-1 所示：

---

① 李振亭等的研究中首次提出的概念，指的是特定规模（流量）旅游流的质量，即特定旅游能否带来与其相对应的资金流、信息流、物质流、能量流和文化流等，它是一个可以量化的指标。
② 该指数根据李振亭等的研究而来。李振亭，马耀峰，李创新，张佑印. 近 20 年来中国入境旅游流流量与流质的变化分析 [J]. 陕西师范大学学报（自然科学版），2012，1：94-99.
③ 数据来源于湖北省旅游局官网 http://fw.hubeitour.gov.cn/moreAttraction.shtml?refresh=1. 除了 5A 景区的数量为最新数据以外，其他等级景区数量尚未完全更新。但此情况适用于整个湖北省，各市的景区数量比例关系变化不大，所以对研究结果没有显著影响。

表 4-1　　湖北省各市 A 级景区的数量及旅游丰度指数

市州（林区）	5A	4A	3A	2A	1A	合计	丰度指数
武汉市	3	16	5	2	0	26	2.02
黄石市	0	1	5	0	0	6	0.47
十堰市	1	1	12	9	0	23	1.79
宜昌市	4	11	15	0	0	30	2.33
襄阳市	0	1	8	9	4	22	1.71
鄂州市	0	4	1	1	0	6	0.47
孝感市	0	5	5	0	0	10	0.78
黄冈市	0	5	10	7	0	22	1.71
荆门市	0	5	3	4	1	13	1.01
荆州市	0	3	3	4	0	10	0.78
咸宁市	0	10	6	4	0	20	1.55
随州市	0	2	2	2	0	6	0.47
恩施州	2	3	9	9	0	23	1.79
神农架	1	0	0	0	0	1	0.08
仙桃市	0	0	0	1	0	1	0.08
天门市	0	0	0	0	0	0	0
潜江市	0	0	0	0	0	0	0
合　计	11	67	84	52	5	219	—

旅游丰度指数越大，表明该地的旅游资源越丰富。总体上看，湖北省的 A 级景区总数量较多，旅游资源丰富。各类 A 级景区数量中，3A 级景区最多，其次是 4A 级景区。如果以 A 级来评判湖北旅游景区的质量，那么湖北旅游景区质量可以算是中上等。从具体市州上看，旅游丰度指数最大的是宜昌，最小的是天门和潜江，两者相差 2.33，湖北省旅游资源分布不均衡的现象存在。不同市州之间也存在着较大差异，宜昌和武汉领先于其他地区，天门和潜江旅游丰度指数为 0[①]，表明其旅游资源禀赋先天不足。

---

① 为了和其他市州统计时间保持一致，以 2014 年底数据为准，这里认为天门市、潜江市 A 级景区数量为 0。

二、旅游质量指数分析

根据旅游质量指数的计算公式，收集湖北省各市的旅游收入和旅游人数①，根据（4-2）式计算旅游质量指数如表4-2所示：

表4-2　　　　　　　　湖北省各市的旅游质量指数

市州（林区）	旅游收入（亿元）	旅游人数（万人次）	旅游质量指数
武汉市	1949.46	19297.32	1.29
黄石市	72.00	约1400.00	0.66
十堰市	242.70	3435.40	0.90
宜昌市	336.17	4085.01	1.05
襄阳市	221.42	3357.33	0.84
鄂州市	50.30	575.00	1.11
孝感市	约100.00	1600.00	0.80
黄冈市	100.42	1800.00	0.71
荆门市	107.84	2010.30	0.68
荆州市	137.72	2267.45	0.77
咸宁市	163.00	3233.00	0.64
随州市	97.70	1583.50	0.79
恩施州	200.01	3100.41	0.82
神农架	25.17	701.20	0.46
仙桃市	13.51	199.14	0.86
天门市②	—	—	—
潜江市	—	—	—

---

① 数据来源：湖北省统计局和各市州旅游局。旅游收入和旅游人次均为2014年数据。其中黄石的旅游人数和孝感的旅游收入未获取准确的数字，直接使用约数计算，使得结果有所偏差。

② 天门潜江数据缺失。因为表4-1中统计的天门、潜江景区数量为0，进而旅游丰度指数也为0，所以此处即使数据缺失也没有影响。后面研究均排除天门和潜江。

2014年湖北省总的旅游收入为3752.86亿元,旅游人次为4.72亿人次①。根据李振亭等②的研究,若$Q_i<1$,表明资金流量小于游客流量,旅游质量较低;若$Q_i=1$,表明资金流量等于游客流量,不过此种情况很少见到;若$Q_i>1$,则表明资金流量大于游客流量,旅游质量较高。Q_i越大,说明该地的旅游质量越高。

结合本书研究的具体要求,将湖北省17市州的旅游质量划分为5个等级,理论上说,若没有其他因素干扰,旅游丰度指数高的地方旅游质量就高,武汉、宜昌符合这个规律,鄂州却是个例外,其高旅游质量由较低的旅游丰度引起。这说明旅游丰度之外的因素对旅游质量产生了影响,而且这个影响是正面的。从表4-2发现,虽然神农架的旅游收入不是最少的,但其旅游质量却是最低的。这些特例下文将详细地分析其中的原因。

三、空间错位测度分析

重力模型

重力原本是物理学中的一个概念,这里引用的重力模型是指在区域空间的某一点,在该点各个方向上的力量能够维持均衡③。其主要是在宏观上分析某一地区某发面发展的重心(这里的重心用地理上的经纬度来表示)与另一方面发展的重心是否重合,是衡量一个地区各方面发展是否平衡的有效手段。这里运用重力模型研究湖北省旅游资源的重心与旅游质量重心是否发生了偏离以及如果发生偏离的话程度有多大。若两者重合,表明湖北省旅游发展没有发生错位,资源实现了其应有的经济价值;若两者不重合,表明湖北省旅游发展整体上都发生了错位,需要采取措施进行矫正。参照程晓丽等④的研究,旅游丰度重心和旅游质量重心的地理位置计算公式如下所示:

$$X_R = \frac{\sum_{i=1}^{n}(R_i \times X_i)}{\sum_{i=1}^{n} R_i}, Y_R = \frac{\sum_{i=1}^{n}(R_i \times Y_i)}{\sum_{i=1}^{n} R_i} \quad (4-3)$$

---

① 数据来源:《2014年湖北省国民经济和社会发展统计公报》。
② 李振亭,马耀峰,李创新,张佑印. 近20年来中国入境旅游流流量与流质的变化分析[J]. 陕西师范大学学报(自然科学版),2012,1:94-99.
③ 郭永昌. 上海社会阶层空间错位研究[D]. 华东师范大学,2007.
④ 程晓丽,胡文海. 安徽省旅游发展空间错位的模型分析[J]. 地球信息科学,2015(5):607-613.

$$X_Q = \frac{\sum_{i=1}^{n}(Q_i \times X_i)}{\sum_{i=1}^{n} Q_i}, Y_Q = \frac{\sum_{i=1}^{n}(Q_i \times Y_i)}{\sum_{i=1}^{n} Q_i} \qquad (4-4)$$

（4-3）式中，X_R 表示旅游资源丰度重心的经度，Y_R 表示纬度。X_i 为 i 市行政中心的经度，Y_i 为纬度。R_i 为 i 市旅游丰度指数。（4-4）式中，X_Q 表示旅游质量重心的经度，Y_Q 表示纬度。X_i 为 i 市行政中心的经度，Y_i 为纬度。Q_i 为 i 市旅游质量指数。

通过收集湖北省各市州行政中心的经纬度，结合（4-1）（4-2）式中求得的旅游丰度和旅游质量指数，可以分别得到湖北省旅游旅游丰度重心和旅游质量重心的地理坐标。湖北省各市经纬度如表4-3所示：

表4-3　　　　　　　湖北省各市州行政中心地理坐标[①]

市州（林区）	经度（东经）	纬度（北纬）
武汉市	114.30	30.60
黄石市	115.03	30.20
十堰市	110.78	32.65
宜昌市	111.28	30.70
襄阳市	112.15	32.02
鄂州市	114.88	30.40
孝感市	113.92	30.93
黄冈市	114.87	30.45
荆门市	112.20	31.03
荆州市	112.23	30.33
咸宁市	114.32	29.85
随州市	113.37	31.72
恩施州	109.47	30.30
神农架	110.67	31.75
仙桃市	113.45	30.37

通过（4-3）式和（4-4）式计算可得湖北省旅游丰度重心为（112.61°E，30.90°N），旅游质量重心为（112.92°E，30.87°N）。两者在经度上的差异有

---

① 数据来源于豆瓣网 https：//www.douban.com/group/topic/33918398/。

0.31°，在纬度上的差异有 0.03°。经度上的差异较大，纬度上的差异较小。虽然存在着错位，但程度不大，两重心都位于荆门市。这说明湖北省的旅游发展并没有发生严重的错位，整体上的发展水平比较好。

四、模型二维矩阵分析

重力模型只从宏观上大致表明了湖北省旅游存在着错位现象，说明湖北省旅游发展确实存在着资源与收入不匹配的问题，但具体是哪些地方、什么原因造成的并不能解释清楚。二维矩阵模型侧重于微观上的分析，弥补了重力模型的不足。所以此处选用二维矩阵模型进一步分析，分析湖北不同市州旅游业的发展状况，比较其差异。二维矩阵模型是从旅游丰度和旅游质量两个维度来研究各个市的旅游空间错位现象。

根据旅游丰度指数和旅游质量指数的区间范围，将它们分别分为五个等级。旅游丰度指数 >2 为最高等级，处于 1.5—2 为较高，1—1.5 为中等，0.5—1 为较低，<0.5 为最低等级。旅游质量指数 >1 为最高等级，0.85—1 为较高，0.7—0.85 为中等，0.55—0.7 为较低，<0.55 为最低等级（区间较大数字属于该等级，较小数字属于下一等级）。湖北省各市具体情况如图 4-1 所示：

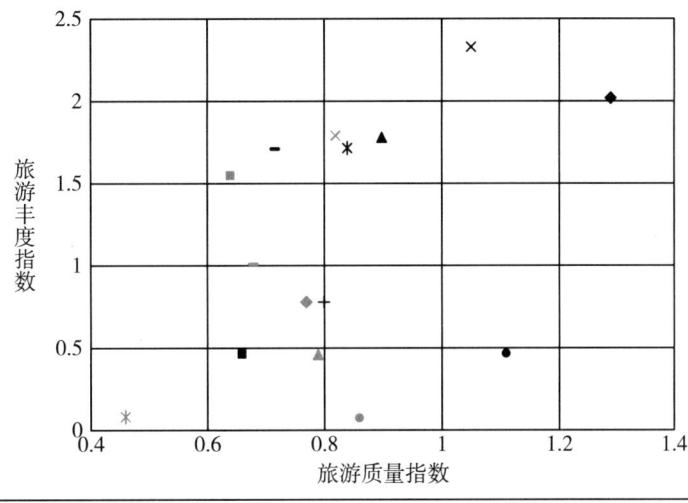

图 4-1　湖北省各市州旅游风度指数及旅游质量指数坐标

表 4-4　　　　　　　旅游丰度与旅游质量的二维组合矩阵

旅游质量指数	旅游丰度指数				
	高 (>2)	较高 (1.5—2)	中等 (1—1.5)	较低 (0.5—1)	低 (<0.5)
高 (>1)	武汉 宜昌				鄂州
较高 (0.85—1)		十堰			仙桃
中等 (0.7—0.85)		襄阳 黄冈 恩施		孝感 荆州	随州
较低 (0.55—0.7)		咸宁	荆门		黄石
低 (<0.55)					神农架

根据表 4-4 的二维组合矩阵所示，湖北省旅游空间错位类型有三种：正向错位（旅游丰度不高而旅游质量较高）、负向错位（旅游丰度较高但质量不高）以及未发生错位（旅游质量指数与旅游丰度指数同高或同低）。其中旅游未发生错位的城市有武汉，宜昌，十堰，神农架。武汉和宜昌属于同步"双高"区，旅游的发展与资源匹配，是较为理想的类型；十堰处于中上水平，可以采取相应的措施推动其更进一步发展；神农架属于同步"双低"区，虽然旅游发展未发生空间错位，但显然当前的状况需要改善。

正向错位的城市有鄂州，仙桃，孝感，荆州，随州，黄石。鄂州和仙桃是比较成功的例子，其资源得到了很好的利用，所以旅游发展比较成功；随州也是不错的，旅游丰度低等旅游质量却达到了中等；孝感、荆州、黄石相对来说差一点。

负向错位的城市有襄阳，黄冈，恩施，咸宁，荆门。这几个市中，咸宁值得一提，其旅游丰度较高，旅游质量却处于较低的层级，未来的上升空间很大。

第三节　空间错位结果分析

空间错位现象的存在说明湖北省旅游资源在丰度和质量两个测度指标上存在着不均衡现象，这种错位可以解读为三类：双指匹配城市（高丰度/高质量或者低丰度/低质量）；正向错位城市（低丰度/高质量）；负向错位城市（高丰度/低质量）。

一、双指匹配城市

在未发生错位的市州中，武汉和宜昌属于"双高型"。武汉是湖北省会，经济政治文化的中心，两江交汇处，交通便利，同时也有丰富的自然和人文旅游资源。目前湖北省 11 家 5A 级景区武汉就占了 3 家，包括著名的黄鹤楼和东湖风景区。宜昌处于湖北西部，三峡自然风光秀美，又拥有国家级最大的水利工程——三峡大坝，其 5A 级景区数量在湖北省居首位（4 家），无一不吸引着海内外游客。著名的旅游景点往往更能得到游客的青睐，十堰武当山就属此类，其 1994 年列入世界文化遗产，该资源不仅具有旅游观赏价值，还具有历史文化价值，武当山机场已经投入运营，交通状况改善，游客的往来将会更加方便。神农架原始森林的神秘感一直都是旅游的吸引点，近年来新修的机场，游客的可进入性改善，虽然神农架的旅游质量目前处于较低水平，但这和其经济发展状况、旅游丰度是一致的。这种现状需要正确有效的政策引导，逐步改善。

二、正向错位城市

发生正向错位的市州用较少的旅游资源实现了较大的经济价值，其原因可归于：这些城市的经济基础良好，纺织、食品、汽车等工业较发达，比如孝感是重要粮棉油生产基地，石膏、盐、磷等地质矿藏丰富，荆州是湖北省重要的工业生产基地和轻纺织基地，随州交通便利，京广铁路、汉丹铁路等和 107、312、316 国道贯穿全境，黄石现已形成金属、机械、建材、能源、食品、纺织、化工等主要产业,这些都为旅游提供了一定的物质条件。而且它们大多属于武汉"1+8"城市圈,距离武汉近,与武汉城市资源共享,同时旅游营销方法运用得当,游客在游览完武汉后可以顺便在周边感受一下休闲游。

三、负向错位城市

发生负向错位的市州旅游资源丰富的优势并未完全发挥,其中原因主要有:地形大多为山区,交通建设较为困难,目前襄阳和恩施建有机场,其他城市主要依靠铁路运输,市内交通由于缺乏系统的规划与管理显得混乱,阻碍了客流的畅通运行。另一方面,这些负向错位的城市的旅游景点比正向错位城市相对有名,像襄阳是著名的历史古城,黄冈的大别山、恩施的大峡谷、咸宁的温泉、荆门的明显陵等,但是却因为旅游景点的宣传力度不够,所以游客的游览兴致没有被充分调动。

综上所述,未发生错位的市州的共同点是旅游资源丰富且著名,交通状况良好,旅游政策开明;正向错位的市州利用相对优越的地理位置,以良好工业基础为依托,旅游的宣传力度非常显著;负向错位的市州交通的通达性和旅游宣传的滞后性阻碍了旅游的进一步发展。

上述空间错位分析的结果与湖北各市州现阶段旅游发展情况大体相符。总体上说,湖北省目前旅游的发展状况良好,前景广阔,有成果也有不足,存在着地区发展不均的问题。所以对于不同地区要区别对待、量体裁衣,制订出最合适且合理的旅游发展规划。

第五章　湖北省旅游品牌演化分析

在国家大力发展旅游业的号召下，抓住机遇，将旅游业作为国民经济支柱性产业加以培育，按照"大发展中的大产业"推进旅游支柱产业建设，湖北省旅游综合实力不断上升。但随着经济结构不断优化升级，"一带一路"倡议实施对地处中部地区的湖北省融入"'一带一路'城市旅游联盟"产生挑战。在"可支配收入增加"及"闲暇时间增加"两大因素的驱动下，旅游者已不满足于传统的观光旅游产品，开始选择具有鲜明地域特色、时代特色和个性特色的产品。《重新发现世界：全球自由行2017》中指出，中国已全面进入"碎片化旅游时代"，"90后"新消费主体粉墨登场，正自下而上加速着供应链的迭代，消费移动化、需求个性化、目的地IP化的趋势日益明显。政策倾斜、市场波动、技术更新及需求变化对湖北省旅游发展造成机遇与威胁并存的形势和状态。

旅游目的地品牌化对供给和需求双方都将产生有益影响。品牌化能增强旅游目的地与竞争对手之间的区分度，强化自身符号属性，增强旅游者的购买忠诚度，从而形成持久的竞争力；对旅游者而言，品牌化能带给旅游者社会认同、身份识别的价值，能够降低旅游者机会成本、塑造和影响其旅游感知和经历。湖北省旅游业发展态势迅猛，品牌地位和品牌价值日益凸显，因此本章分析了湖北省品牌演化的时间和空间特征并进行模拟预测，明确旅游品牌发展的非线性规律，为政府和营销者在进行目的地品牌市场化运作提供一定的参考，为促进湖北省旅游跨越式发展提供思路。

第一节 湖北省旅游品牌演化时间动态分析

一、模型建立

皮埃尔·弗朗索瓦·韦吕勒于1844年在研究人口增长时提出了Logistic方程，它能较好地描述某些增长现象，在信息科学、生物学、农业学和经济学等领域都有较广泛的应用。Logistic模型是一种常见的S形函数，该方程的标准形式是：

$$X_t = r \cdot X_t (1 - X_t) \tag{5-1}$$

一个城市的品牌从导入、发展再到成熟，从模糊到清晰，与城市经济发展、市场化运作、营销的推广都有着密切的联系，但是旅游目的地与游客之间的情感联系才是其品牌发展最主要的因素。旅游者人数是衡量目的地品牌发展程度的重要指标，而目的地品牌的演化程度则在一定程度上反映了该目的地的受欢迎程度，因此本章使用到访目的地的旅游者人数来衡量目的地品牌演化阶段。旅游目的地品牌的演化过程呈S曲线增长，因此具有Logistic性质，所以用Logistic增长曲线来分析湖北省品牌演进的时间特征，有较高的可行性。那么旅游目的地品牌演化阶段使用Logistic方程来描述：

$$X_t = \frac{k}{1 + ae^{-bt}} \tag{5-2}$$

式中，X 为品牌演化程度（待测），t 为时间，k 为景区游客量增长的极值，b 为景区游客量增长率，a 为常数。

二、指标选取与数据处理

本章选取1992—2016年共25年湖北省接待游客量统计数据作为样本，数据来源于《湖北统计年鉴》，数据分析采用SPSS22软件（见表5-1）。

表5-1　　　　　　　　1992—2016年湖北省游泳者人数

年份	旅游者人数（万人次）	国内旅游人数（万人次）	入境旅游人数（万人次）
1992	1126.30	1071.00	26.30
1993	1373.10	1350.00	23.10
1994	1524.70	1500.00	24.70
1995	1727.10	1700.00	27.10
1996	2036.89	3152.00	36.90
1997	3658.00	3600.00	58.00
1998	4073.60	4044.00	29.60
1999	4689.50	4659.00	30.50
2000	5523.10	5478.00	45.10
2001	6130.78	6064.00	66.80
2002	6772.40	6670.00	102.40
2003	5724.50	5684.00	40.50
2004	6910.20	6849.00	61.20
2005	7712.60	7630.00	82.60
2006	8565.35	8459.78	105.57
2007	10266.81	10135.00	131.81
2008	11796.75	11678.00	118.75
2009	15198.64	15065.18	133.46
2010	21127.74	20946.00	181.74
2011	27368.39	27154.87	213.52
2012	34494.72	34230.00	264.72
2013	40889.00	40621.04	267.96
2014	47177.07	46900.00	277.07
2015	50980.00	50668.24	311.76
2016	57268.39	56930.83	337.56

数据来源：《湖北统计年鉴》。

三、参数估计与模型模拟

logistic模型中待估计的参数包括k，a，b，在k无法确定的情况下，本书采取非线性最小二乘法来估计参数,该方法的优点是计算效率高、效果好,并且可以进行显著性、拟合优度检验等统计检验,从而提高参数估计的准确度(见表5-2)。

表5-2　　　　　　　　模型汇总和参数估计值
因变量：旅游人次数

方程	模型汇总					参数估计值	
	R^2	F	$df1$	$df2$	$Sig.$	常数	$b1$
Logistic	0.976	917.094	1	23	0.000	0.001	0.852

通过上述分析可知,模型的 $R^2 = 0.976 > 0.9$,说明模型的拟合优度较高。将湖北省1992—2016年游客量实际值与拟合值进行对比分析可知,湖北省接待游客人数在logistic曲线上下波动,考虑到2003年受全球非典特殊影响导致相对误差较大之外,模型与实际情况拟合度高。根据模型模拟的参数值,可知未知数 $K = 138926.414$,$a = 290.263$,$b = 0.224$,则logistic方程为：

$$X_t = 138926.414 / (1 + 290.263 \cdot e^{-0.224t}) \tag{5-3}$$

四、结果分析

通过对数据进行曲线模拟,得到湖北省旅游人数变化趋势图,即图5-1,湖北省旅游品牌演化阶段的logistic曲线模拟预测,即图5-2。

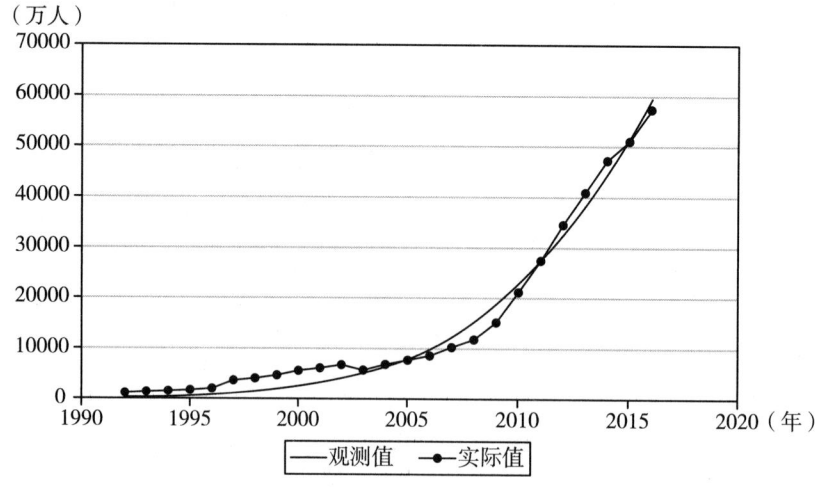

图5-1　1992—2016年湖北省旅游人数

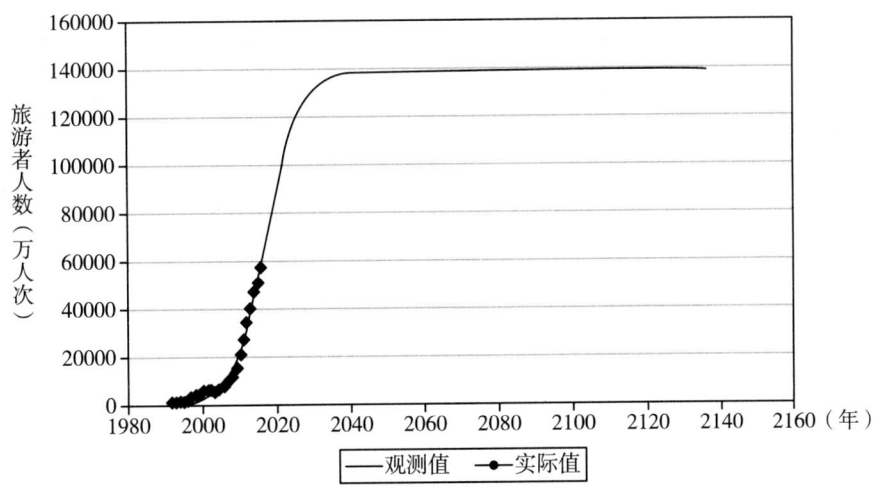

图 5-2　湖北省旅游品牌演化阶段的 logistic 曲线模拟预测

从图 5-1、图 5-2 中可看出，现阶段湖北省旅游品牌形象处于著名阶段，并将于不久向熟悉阶段演化。从游客量增长曲线可以看出，湖北省旅游品牌演化周期较长，1992—2007 年（15 年）为品牌导入阶段即时髦阶段，2008—2021 年（13 年）为品牌快速成长阶段即著名阶段，2022—2114 年（92 年）为品牌减速增长阶段即熟悉阶段，2114 年接近一个极限值，预测之后可能进入疲劳阶段。

1992—2007 年为湖北省旅游品牌导入期，在此阶段前往旅游目的地的游客都是这个地方第一批"探险者"，他们通过社交媒体、在线平台、口碑传播影响到其他潜在旅游者。湖北省山岳景观和湖泊水体景观丰富，楚文化、知音文化、三国文化、道教文化、工业文化等点缀着湖北省的文化底蕴，使"湖广熟，天下足"的湖北成为具有山、水、文化等旅游资源的资源大省。1992 年正处于改革开放新时期，旅游者出游的主要动机是欣赏祖国美好风光，湖北省因其丰富的自然资源而成为推动品牌形成的主要动力，湖北省在早期观光旅游处于主导地位的旅游业发展初期快速形成了品牌影响力。

2008—2021 年（13 年）为品牌快速成长阶段，这个阶段游客量以及目的地品牌流行度继续增长，但是增长的速度有所下降。这一阶段，湖北省进行了行之有效的旅游品牌管理。在品牌形象建立的过程中，湖北省政府和企业紧紧抓住了旅游者的感知信息。于 2010 年确定"灵秀湖北"主题口号，浓缩了"钟灵毓秀"的精髓，对于提高湖北知名度，提升美誉度，扩大影响力都具有重要作用，并于 2016 年推广"知音湖北，楚楚动人"的旅游整体形象。这一时期，湖北省重点挖掘旅游资源特色，开发了一批极具特色的集休闲、观光、度假、养生于一体的旅游景区，基础设施不断完善、管理模式进一步创新、强化宣传力度和精度、产品结构优化调整等方面的综合提高和相互促进成为推动湖北省旅游业转型升级并快速发展的重要推力。

第二节 湖北省旅游品牌演化空间格局动态分析

一、指数选取与数据处理

为了探求旅游目的地品牌形象空间演化格局及分布的差异，本文选取了基尼系数（G），首位度（s），赫芬达尔系数（H）3 个指数来描述湖北省品牌形象流行度空间格局差异及变动情况。其数学表达式分别为：

$$G = 1 + \frac{1}{n} - \frac{2}{n^2 \overline{Y}}(Y_1 + 2Y_2 + 3Y_3 + \cdots + nY_n) \tag{5-4}$$

式（5-4）中，G 为基尼系数，n 为湖北省城市个数，$\overline{Y}$ 为湖北省各市接待游客人次数的平均值，Y_1、Y_2、$\cdots$、Y_N 为从大到小的游客人数。基尼系数 G 描述了地区的相对均衡度指标，其值越小，区域的发展越均衡。

$$S = \frac{P_1}{P_2} \tag{5-5}$$

式（5-5）中，S 为首位度，P_1 为旅游规模第一位的城市的旅游规模，P_2 为旅游规模第二大的城市的旅游规模。首位度 S 反应旅游规模分布的集中程度，当首位度大于 2 时，城市成为首位城市，而大于 2 而小于 4 的属于中度首位分布，大于 4 的为高度首位分布。

$$H_n = \sum_{i=1}^{n} P_i^2 \tag{5-6}$$

式（5-6）中，H_n 为赫芬达尔指数，是用来测量某一产业市场集中度的指标，式中 i 为城市旅游规模的位序，P_i 为第 i 位旅游目的地接待旅游人数占全省总旅游人数的百分比，本文 n 取 4，对应的为武汉市、宜昌市、咸宁市、十堰市。通过计算可得知湖北省旅游者人数空间格局的变动和品牌形象流行度的差异状况，得到表 5-3。

表 5-3　　　　　2014—2016 年湖北省旅游人数空间差异及变动

年份	G	S	H_n
2014	0.5594	4.7239	0.1853
2015	0.5523	4.3818	0.1867
2016	0.5499	4.1236	0.1893

二、结果分析

（一）品牌演化地区发展不均衡

基尼系数是用来反应地区发展的相对均衡度，指标基尼系数越小区域发展越均衡，国际上通常把 0.4 作为衡量是否均衡的警戒线，按照联合国有关组织规定，基尼系数在 0.5 以上处于发展差距悬殊阶段。湖北省旅游规模的基尼系数均在 0.5 以上即处于发展差距悬殊的状态。从 2014 年的 0.5594 下降到 2016 年的 0.5499，表明湖北省旅游规模变化的相对差异有缩小的趋势，但品牌流行度在空间分布上差异显著。

（二）首位城市极核化作用显著

首位度是一个形容市场竞争力的指标，反映旅游规模分布的集中度。湖北省首位度系数超过 4，旅游规模属于高度首位分布，说明湖北省入境旅游城市单一极核化力量还在不断增强，呈现出一枝独秀现象，区域内旅游资源的集中程度高且集中在以武汉为中心的城市圈内，旅游流由"一核（武汉市）三副（宜昌市、十堰市、恩施土家族苗族自治州）"演化为"一核（武汉市）三副（宜昌市、十堰市、咸宁市）"，极化效应显著，首位城市武汉的旅游发展速度快于中小层位城市，旅游偏爱度和品牌流行度空间分布上呈现极核化。

（三）旅游规模聚集程度明显

赫芬达尔系数是用来测量产业市场集中度的重要指标之一，能够反映旅游规模的聚集程度，其值越接近 1，表明区域的旅游规模越垄断，区域差异越大,其值越接近0,表明区域旅游集中程度越低,区域旅游规模竞争越激烈,当赫芬达尔系数大于等于0.18时,属于高度寡占型。湖北省旅游赫芬达尔系数在0.18—0.19之间,表明湖北省旅游发展的集中程度有不断上升的趋势,旅游规模在武汉市、宜昌市、咸宁市、十堰市的集中程度上升,旅游规模聚集程度明显,武汉市作为带动全省的旅游动力源和集散枢纽,聚集和引领作用不断深化发展。

第六章　湖北省旅游发展对接原则

第一节　湖北省旅游发展定位原则

通过湖北省旅游资源禀赋和发展的时空二维分析，不难看出湖北省旅游发展的机遇与挑战并存，时不我待，加强区域间联动，挖掘旅游资源价值，提高旅游资源丰度以及品牌知名度，为旅游产业发展全面赋能，成为湖北省旅游发展的重点任务。依托各自资源特点进行错位发展，允许在时间阶段和空间分布上的差异性，促进湖北省旅游的全面和持续发展。

一、加快湖北长江旅游带发展，打造长江经济金腰带

湖北省作为长江流域旅游资源富集区和精华区，将成为引领中部地区旅游崛起的核心增长极、长江经济带是旅游黄金带。在区域合作方面，要强化与上海、重庆等重点城市的合作，通力打造长江综合交通网络，并组团向海内外进行推介。在城市开发方面，支持中心城市武汉市和宜昌市加快长江大型旅游港、武汉长江新城的建设等；重点支持鄂东、鄂中、鄂西的重要节点城市黄冈、咸宁、荆州、恩施等市州进行差异化的协同发展。

二、坚持区域合作和产业集聚，挖掘各项资源价值

湖北旅游产业对接"一带一路"倡议应该以《推动共建丝绸之路经济带和21世纪海上丝绸之路的愿景与行动》提出的"区域互动合作和产业集聚"

为指导，以促进中部崛起的思想为发展契机，立足于湖北丰富的人文旅游资源和自然旅游资源，科学挖掘其他方面的资源向旅游资源转化的可能性，坚持旅游兴省和可持续发展，把旅游业作为湖北国民经济的主导型产业来进行重点培育。

湖北在旅游对接"一带一路"建设，促进旅游产业升级的过程中，湖北应该以《湖北省旅游发展总体规划》为依据，走"政府主导、社会联动、部门参与、企业运作、全民支持"的大旅游发展道路，依托"一带一路"沿线城市、"长江经济带""中三角"旅游产业联动发展优势，以科学发展观统领全局，立足湖北旅游资源与环境资源条件，充分发掘各市资源特色，以资源开发为基础，以市场需求为导向，突出重点区域、突出优势产品、突出精品路线、突出重点项目，加大旅游投入，扩大产业规模，优化产业结构。

三、对接国家发展，打造区域旅游精品名牌

主动对接"一带一路"建设，大力推进"万里茶路"旅游工程。重点支持武汉市、襄阳市建设丝路国际旅游港，支持咸宁万里茶道源头城市、赤壁市万里茶路文化旅游中心等重点项目的建设。积极开展万里茶路沿线城市旅游合作，在境外加强与中亚、俄罗斯的旅游合作。以湖北自贸区建设为契机，在武汉、宜昌、襄阳等地开发国际旅游自由购物区，以免税购物和高品质出口商品为核心吸引物，并通过多种休闲业态的引入，形成集旅游购物、旅游度假、康体保健、特色餐饮等为一体的新型国家级旅游开发区。

总之在湖北省旅游对接"一带一路"建设的过程中，从战略上需要通过鼓励政府主导、社会联动、部门参与、企业运作、全民支持的全域思想，加强长江经济带旅游合作，深化两线一点（武汉市为支点，海上丝绸之路对接线路、陆路丝绸之路对接线路）依靠中三角旅游合作，构建区域内旅游战略新布局，最终实现资源共享、市场共推、区域共赢、产业共兴的持续发展目标。该对接思路可以用图6-1来表示。

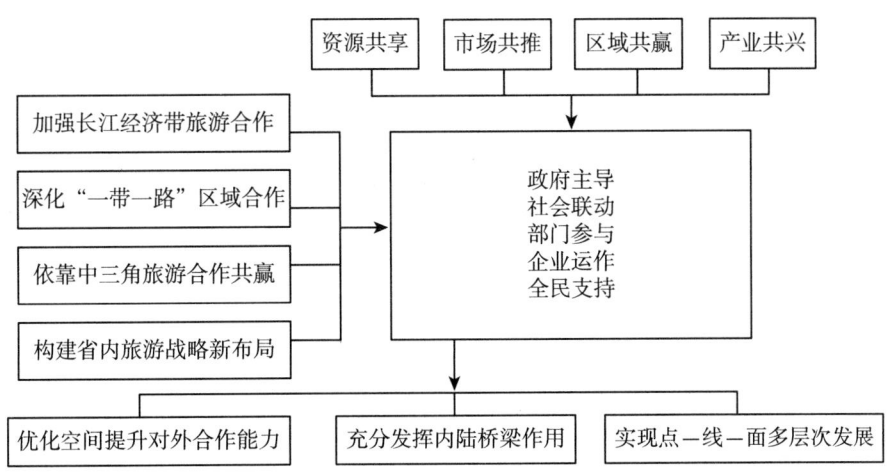

图 6-1　湖北省旅游对接"一带一路"倡议思路

第二节　湖北省旅游对接"一带一路"发展指导原则

一、资源共享原则

湖北旅游产业的发展需要整合各地优势旅游资源，共同推出"一带一路"旅游精品线路、包装旅游产品、联合参加国内外重要旅游展览会，实现客源互送、旅游资源共享、线路共享、线路同串，共同拓展国内外旅游市场，打造湖北旅游品牌。积极拓展国际旅游市场，推动景区联合促销战略，鼓励旅游企业组织客源互送；积极支持和参与举办的"一带一路"大型旅游节庆活动，推进旅游产业合作；引导和鼓励大型旅游企业、著名旅游管理公司和知名旅游品牌实现跨省市经营、连锁经营和品牌输出，独立或联合开发区域内旅游项目。

二、市场共推原则

在今后整个湖北旅游发展中，项目设置与旅游产品开发都必须要以关注游客的需求为前提，不断追逐成熟的旅游消费市场和潜在的旅游消费市场。旅游消费需求具有多样性、规模性和层次性，这直接关系到旅游产品开发的层次与体系。湖北对接"一带一路"建设，紧扣时代潮流，充分结合资源优势，重点发展文化旅游产品和生态旅游产品，注重将旅游活动与游客参与性要求结合起来，旅游产品开发要做到适度超前，能够做到充分挖掘潜在的旅游消费市场，力图去创造新的旅游消费市场，做到能够引导旅游消费的时尚潮流。

三、区域共赢原则

从湖北旅游的区位特点来看，湖北不仅处于"长江经济带"的重要位置，还是"中三角"联动发展的重要省份，更是"一带一路"倡议打造内陆开放经济高地的重点省份，因此，湖北旅游发展在旅游产品开发方面应该加强省市之间的旅游产业合作，同时，应该突破行政界线，实行跨区域联合和线路组织，走区域联动开发旅游产业的道路。同时湖北省内部各市在旅游资源方面表现出不同程度的同质性、同源性，各城区、乡镇之间也应加强产业合作，联动发展。

四、产业共兴原则

湖北旅游产业的发展离不开系统的旅游产业经济体系。现代旅游经济增长的实践表明，旅游经济的增长不仅是一个经济效益总量增加的过程，更重要的是一个结构不断优化的过程。在对湖北旅游产业进行升级过程时，应该注重旅游产业结构的调整，从全局着眼，不仅协调其他产业与旅游产业之间的结构比例，还要与周边合作省市旅游产业进行协调，使湖北旅游业出现良性协调发展。

第三节　湖北省旅游对接"一带一路"发展目标体系

一、优化空间提升对外合作能力

基于湖北独特的区位优势，建立湖北优化区域空间结构的动力机制，充分发挥"一带一路"建设对区域空间开发格局的优化作用。

湖北水路、铁路、公路设施齐全，确保了湖北旅游的可进入性。未来湖北可以进一步做强国际化物流口岸主干网，构建中国对外物流骨干枢纽网，最终将湖北打造成水路口岸、陆地口岸，使之成为连接我国南北的轴向世界的中线黄金通道。而湖北也可以凭借强大的物流产业竞争实力，集聚产业集群，联动周边区域的中心城市和链接中亚等国共同发展经济，可以凭借自我地理优势实现走出去和请进来的模式，以加强长江经济带所属区域的经济纽带，使之在旅游区域协同发展的基础上更加紧密地联系起来。

加快旅游产业升级，协调区域发展。通过政府顶层设计，结合区域发展优势，调整旅游发展战略，改变旅游传统开发模式，提倡绿色开发，对于旅游资源、生态破坏的一切行为应明令禁止。要以旅游带动经济，进而带动消费，最终实现消费推动投资与经济增长，转变原有粗犷型经济增长模式，形成人与自然和谐发展的局面，加强旅游合作，扩大旅游规模，联合打造具有丝绸之路特色的国际精品旅游线路和旅游产品，提高沿线各国游客签证便利化水平。

二、充分发挥内陆的桥梁作用

武汉作为长江中游城市群中心城市，既要实施主动对接"一带一路"建设，融入国家发展大格局，还要发挥区位优势，充分发挥桥梁作用。被誉为"东方茶港"的汉口，是中俄万里茶道的起点，《中俄蒙"万里茶道"旅游联盟协议》的签署，标志着"万里茶道"游的复苏。

湖北必须充分抓住机会积极协调旅游企业"走出去"，充分享受国家相关扶持政策，利用我国出境旅游的影响力，努力为我国企业创造机遇、改善国际环境。采取联合推广新方式，建立海上丝绸之路推广联盟；建立海上丝绸之路旅游集团，作为旅游驻外办事机构，鼓励旅游企业到海外成立旅游公司，凭借产业优势扩大跨境旅游路径；探索研究旅游合作新舆情、新领域、新市场。借助湖北的地理区位优势，可以探索建立中部旅游城市，立足湖北辐射我国中部的周边省份第三产业的发展，最终带动区域经济协调发展，吸引海外金融机构入驻湖北，增强金融投资实力，提升湖北国际化的竞争力与影响力，从而反哺于旅游业。

三、实现"点线面体"多层次发展

在"一带一路"建设背景下发展湖北旅游既要考虑到点的发展,又要考虑到中间层次和整体的发展,实现以线串点、以点带面、以面构体的空间发展模式。在发展中要强调突出点、联成线、优化面、形成体。突出点就是要科学制订各市州的旅游发展规划,凸显地方特色,丰富旅游产品,有序推进湖北旅游的开发建设;完善旅游产业链配套要素建设,提高旅游接待能力;加大旅游与文化的融合,打造特色旅游精品,探索新的旅游发展路径。连成线就是要将湖北省内各旅游景点连接起来,突破旅游资源分配不均匀的屏障,联合发力,打造湖北旅游名片。优化面就是科学开发交错纵横的旅游线路,使湖北与周边其他内陆省市的各类旅游资源、旅游方式、旅游线路交错互补,相互支持。形成体就是构建中部旅游的大景区,能够提供多层次、全方位的不同文化旅游服务,以更好地吸引和留住游客。

第四节 湖北省旅游对接"一带一路"建设导向

一、进一步加强长江经济带旅游合作

长江旅游资源沿长江水道分布、相互之间有密切联系,串起沿岸自然风光以及人文资源,打造黄金旅游带,比各省市独自发展旅游的效应大得多。旅游业资源能耗少、环境污染小,符合长江经济带绿色环保的要求;它的带动能力强,产业链延伸到社会各个方面。旅游资源具有很强的互补性,面临的行政壁垒和其他产业相比偏少,长江沿岸各省市可以通过产品互推、客源互送等方式,实现良性互动。但目前长江沿岸旅游发展水平并不平衡,热点城市、热门景点不少,质量不佳的也大量存在。

湖北应加强与长江流域 10 个省份的旅游合作,成立长江旅游带联盟,建立

长江旅游协作发展的新机制，重点在产品组合、市场互动、管理共进上取得突破。如增加武汉经停和始发长江游轮班次，增开中短途城际长江游轮，发展长江游轮旅游联合推出"三国寻踪""巴楚遗梦""名人足迹"等主题游轮旅游，共同支持长江游轮旅游发展；依托长江立体交通网络，长江沿线各省共建长江国家立体风景道体系，统一建设标准、服务设施、标识引导，共建旅游交通；联合上海、黄山、庐山、武汉、三峡大坝、长江三峡、重庆等国际旅游目的地，打造一条最能代表长江的黄金旅游线路。

二、深化"一带一路"旅游区域合作

丝绸之路经济带和 21 世纪海上丝绸之路即"一带一路"倡议构想的提出，对密切我国同中亚、南亚周边国家以及欧亚国家之间的经济贸易关系，深化区域交流合作，统筹国内国际发展，维护周边环境，拓展西部大开发和对外开放的空间，有着重大的现实意义。旅游具有展示沿线国家经济活力与比较优势、展示资源配置优化与经济发展水平、展示各国人民友好往来大联欢和优势环境品质与生活本真、展示优秀文化生态与美学特征，以及展示市场份额、外汇收入、竞争实力和圆和平之梦的特殊功能。

湖北省在"一带一路"中有着独特的地理区位优势，在经济全球化日趋加深的今天，国家实施"一带一路"建设，将为湖北省在区域经济合作方面带来重大机遇。对接《推动共建丝绸之路经济带和 21 世纪海上丝绸之路的愿景与行动》，设立万里茶路旅游基金，通过实景演出展示万里茶道风采，在武汉、襄阳建设丝路国际旅游港，建设武汉市万里茶路旅游集散中心和赤壁市建设万里茶路文化旅游中心，对接"丝路书香工程"和"丝绸之路影视桥工程"。联合推出重走万里茶路休闲观光游线，联合举办万里茶路文化旅游节、重走万里茶路自驾旅游节。

三、依靠中三角区域旅游合作共赢

中三角旅游资源独特而丰富，按照资源共享、客源互动、品牌同建、市场齐管的原则，培育中三角旅游共同体，打造无障碍旅游区，改变中部旅游格局。按照国务院批复的《长江中游城市群发展规划》，按照旅游先行的原则制订中三角旅游发展规划，全面推进中三角旅游合作，完善旅游规划、旅游产品、市场开发、企业发展、旅游标准、旅游信息的"一体化"，协力把中部旅游版块建设成全国旅游重要版块。

四、构建省内旅游新格局

针对各市州旅游发展不均衡、不充分等问题，建议湖北省及各市州要把促进全域旅游发展作为推动经济社会发展的重要抓手，推进全域统筹规划、全域合理布局、全域服务提升、全域系统营销，凝聚全域旅游发展新合力。省级层面要推进《湖北省旅游业发展"十三五"规划纲要》贯彻落实，结合实施情况及旅游业发展内外环境新变化，组织开展《规划纲要》中期评估，按照新形势新要求调整完善规划内容。要以城市为依托、以交通为支撑，加快构建湖北省"一带、两极、三廊道、四板块、十大旅游区"旅游发展格局，全面释放各市州旅游发展潜能，进一步提升全省旅游发展整体水平。

以对接"一带一路"建设为依托，优化旅游产业格局，努力构建以"金带总揽、两极发力、廊道贯通、板块崛起"为空间发展策略的"一带两极四廊道"开放式旅游格局。

此"一带"，即湖北长江旅游带。以长江为纽带，整合省内旅游资源和设施，做实做厚旅游产业带，使旅游业成为湖北长江经济带最有活力、最具带动性的支柱产业。同时，在对外开放合作中实现湖北长江旅游带与上下游的互动，共同奠定长江旅游带在全国旅游格局中的龙头地位。

"两极"，即武汉、宜昌两大旅游发展极。立足当前，面向未来，发挥武汉和宜昌作为旅游产业动力极、旅游活力迸发极、旅游线路放射极的极化作用，充分释放其潜能，在更大范围内、更广领域上带动全省旅游业的整体发展。

"四廊道"，即长江国际黄金旅游廊道（湖北长江旅游带既是"一带"，也是四条旅游廊道之一）、鄂西山水民俗旅游廊道、汉江国脉探秘旅游廊道、鄂东红绿经典旅游廊道。以四条旅游廊道为战略发展轴，以省内旅游资源整合和全域旅游联动为基础，大力带动廊道沿线旅游区域的联动发展。

第七章 湖北省旅游对接"一带一路"发展构建

"一带一路"的发展为湖北省旅游带来了机遇和挑战,正确认识自我发展的本质和在区位中的位置,顺应历史发展的潮流,具体采取"逐渐对接、空间错位"的发展思路,可以帮助湖北省大力发展旅游产业、提高旅游品牌的竞争力,并且为湖北省经济文化的推动做出贡献。

第一节 湖北省旅游区位对接路径

湖北省虽然属于我国中部地区重要省份,但是由于并不在"丝路"节点上,丝路文化特色并不突出,其发展受到了一定的制约,因此在旅游外交、全域旅游等推动下很难看出直接对接的路径。依托旅游资源的空间对接需要能跳出资源局限的圈子,创造性地靠其不可移动的区位对接路径。

一、湖北省旅游资源及区位特点

(一)湖北旅游资源特点

一是湖北旅游资源富集,自然、人文和社会资源三者并存,以数量多、分布广、品位高、差异性强为其主要特征。鄂西地区自然景观闪烁、民俗风情浓郁,鄂中地区人文景观荟萃,鄂东地区自然和人文景观兼容,地域差异和组合规律十分明显。一是山水风光独特,自然景观异彩纷呈。长江三峡、武汉东湖、武当山、大洪山、襄樊古隆中、通山九宫山、赤壁陆水湖为国家级风景名胜区;钟祥大口、当阳玉泉寺、宜昌大老岭、兴山龙门河、长阳清江、五峰柴埠溪、襄阳鹿门寺、谷城薤山、咸宁潜山、荆州八岭山、武汉九峰山、大别山天堂寨、神农架、松滋洈水等为国家级森林公园；神农架、五峰后河、长江新螺段及天鹅洲故道白鳍豚自然保护区为国家级自然保护区；神农架、武当山、明显陵分别被联合国教科文组织列入"人与自然保护圈计划"和"世界文化遗产目录"。长江三峡、黄鹤楼、葛洲坝被评为"中国旅游胜地四十佳"。

二是文化沉淀丰富，文物古迹众多。湖北历史悠久，文化发达，中华始祖炎帝就诞生在湖北。楚文化根基深厚，特色鲜明，影响很大。仅江陵县就有楚城遗址5座，楚文化遗址73处。宗教文化在湖北发育充分，明朱棣"北建故宫，南修武当"，形成了武当山九宫九观，堪称我国道教文化的宝库。三国历史烟云陈迹，在湖北有140多处，以荆州古城、赤壁、当阳、隆中等为代表的三国文化是湖北旅游文化的又一特色。辛亥革命始于鄂，使湖北具有深厚的近代文化底蕴。全省拥有国家历史文化名城5座（江陵、武汉、襄阳、随州、钟祥），国家级文物保护单位20处，省级历史文化名城4座（鄂州、黄州、荆门、恩施），省级文物保护单位达365处。发掘于枣阳市的，距今约6000年前的雕龙碑遗址将中国文明上溯了1000年。被誉为"东方第八大奇迹"的编钟出土于随州擂鼓墩；堪称古代世界青铜冶炼技术顶峰的铜绿山古矿冶遗址和越王勾践剑、商代盘龙城遗址，就出土于荆楚大地；工艺精湛的战国漆绘、木雕制品和古代丝绸大都出土于荆州江陵；中国古代四大发明家之一——毕昇的故里，以其独特的文化内涵著称于世。钟祥明显陵是中南唯一的也是全国最大的单体帝王陵，是世界文化遗产。

2008年协调组织建设的"鄂西生态文化旅游圈"包括位于湖北西部的襄阳、荆州、宜昌、十堰、荆门、随州、恩施、神农架等8个市州（林区），其生态文化旅游资源十分丰富。据统计，鄂西地区拥有2个世界文化遗产、1个世界非物质文化遗产、9个国家自然保护区、35个国家非物质文化遗产、4个国家级风景名胜区及3个国家级地质公园。"鄂西生态文化旅游圈"十大核心景区分别为：荆州古城景区、洪湖岸边是家乡—石首天鹅洲景区、襄阳古隆中—鱼梁洲景区、三峡大坝—平湖半岛景区、恩施腾龙洞—大峡谷景区、清江画廊景区、武当山—太极湖景区、明显陵—漳河景区、炎帝神农故里—大洪山景区、神农架—大九湖湿地公园景区。

（二）湖北旅游区位特点

湖北省位于我国中心腹地，素有"九省通衢"之美誉，自古就是中国水运、铁路运输的枢纽。东邻安徽，南界江西、湖南，西连重庆，西北接陕西，北与河南毗邻。其最东面为黄梅县段家坝，最西面为利川市茅坝镇西，最南面为通城县天岳关，最北面为郧西县观音洞。湖北地理位置优越，省会武汉即地处"天下之中"，境内交通线路纵横交错，承东启西，接南转北，随着中国高铁时代的到来，武汉成为中国"4小时经济圈"的中心城市，在旅游业区划上位于长江旅游带和大京九旅游带的交汇处，起着承东启西联系南北的作用。

在公路方面，全省公路通车里程达到65000公里。在铁路方面，湖北铁路已形成"四纵三横"的铁路骨干。以武汉为中心，通过京广、京九、焦枝、枝柳铁路，105国道、106国道向北辐射华北地区，连接华北、东北客源市场；向南辐射华南地区，连接广州、深圳等珠江三角洲客源市场；通过长江黄金水道、武九、汉丹、襄渝铁路、318国道、沪蓉高速公路向东辐射华东地区，连接上海等长江三角洲客源市场；向西可以辐射西部地区，连接重庆、成都客源市场。在航空方面，武汉天河机场是华中地区规模最大、功能最齐全的现代化航空港，设计为4E级国家一级民用兼国际备降机场，是全国十大机场之一。空中航线共100多条，省内有航线通往沙市、宜昌和恩施，省外有航线通往北京、上海、广州、成都等地，确保为全国乃至全世界旅游者提供交通便利。而在水运方面，长江游船业以武汉和宜昌为基地，武汉、黄石、沙市、宜昌等港口先后对外开放，通江达海，海洋轮船可由此直航中国港澳、日、韩以及新加坡等国家和地区。

可以说公路运输、铁路运输、航空运输、长江航运共同构成了湖北的立体交通网络，优越的对外交通条件为湖北省旅游业发展创造了较好的外部大环境，使得湖北旅游业发展拥有了极大的区位优势（见表7-1）。

表7-1　　　　湖北省2016年入境旅游（外汇）收入构成　　　　单位：万美元

项目	收入总额	增减（%）	比重（%）
总计	187238.97	11.99	100.00
长途交通	64597.44	8.23	34.50
民航	33328.54	7.99	17.80
铁路	6740.60	11.99	3.60
汽车	5242.69	19.23	2.80
轮船	19472.85	5.69	10.40

续表

项目	收入总额	增减（%）	比重（%）
住宿	14604.64	14.64	7.80
餐饮	9923.67	14.37	5.30
景区游览	5991.65	10.27	3.20
娱乐	6927.84	12.91	3.70
购物	37447.79	10.01	20.00
市内交通	3557.54	22.29	1.90
邮电通信	5804.41	33.02	3.10
其他	38196.75	15.04	20.40

二、空间错位下的对接策略

根据对湖北省旅游城市的空间要素禀赋和经济发展要素分析，归纳出三类城市空间特征：双指匹配城市、正向错位和负向错位城市。针对不同的城市发展现状，应采取不同的对接策略。

（一）双指匹配市州的对接策略

湖北省旅游未发生错位的城市有武汉、宜昌、十堰、神农架，这些地方旅游经济发达程度与旅游资源丰富度正相关，针对这些区域主要从强化旅游发展优势，加强旅游与"一带一路"建设对接等角度入手，具体有：

1. 旅游企业走出去，广泛寻求双多边合作

未发生空间错位的这几个城市经济发展水平较高，尤其是武汉和宜昌，拥有比较坚实的经济基础，有与外界进行合作交流的能力。处于"一带一路"建设的双多边广泛合作的宏观背景中，武汉、宜昌等城市的旅游企业走出家门会更加顺利。十堰是湖北西部重要的地级市，毗邻陕西，从古至今都与陕西南部保持着密切的往来。陕西是陆上丝绸之路的起点，十堰借此机会可以比较容易地融入丝绸之路经济带。例如，武汉当地的酒店集团、旅行社可以到与中国有合作关系的国家投资，或者与外企联合，打造具有湖北特色同时又适应当地环境的旅游企业，自身发展的同时传播湖北的旅游资源优势。

2. "两圈"与"一带一路"建设融合，协同发展

武汉城市旅游圈以武汉为中心，鄂西生态文化旅游圈包含了神农架、武当

山、恩施大峡谷等著名景点，以西部较大城市宜昌为中心。"两圈"的规划囊括了省内未发生旅游错位的主要城市，从整体上带动了湖北省的旅游。湖北省积极融入"一带一路"建设，已经动工的西安武汉高速客运专线就是很好的例证。除了修建铁路与中国西部、中亚甚至欧洲连通之外，还可以开设旅游专列对接从外地远道而来的客车。通过旅游专列将"两个旅游圈"与丝绸之路经济带串联，从地域上加强产业融合，协同发展。

3. 巧用长江经济带，连通"海上丝绸之路"

长江横贯湖北，使得湖北形成了便利的水上交通。武汉、宜昌坐落于长江中下游，物资丰富，在古时候也曾为丝绸之路上的贸易提供过茶叶、瓷器等货物。可以利用长江水运，将一些旅游产品运送至宁波或泉州，与"海上丝绸之路"的起点对接，让湖北省的旅游产品走向国外，增强其影响力。

（二）正向错位市州的对接策略

湖北省旅游发生正向错位的城市有鄂州、仙桃、孝感、荆州、随州、黄石，其旅游发展资源不够丰富，但旅游质量却很高，普遍给当地带来了较高的效益，这些城市与"一带一路"建设成功对接的关键是丰富旅游资源，可利用的对接策略有：

1. 加强旅游文化建设，丰富文化旅游资源

发生正向错位的城市的旅游丰度较小，旅游质量却较高，这与其广泛的宣传不无关系。但华而不实的旅游宣传不能支撑旅游的可持续发展，旅游最终还是要归根于独特、有价值的旅游资源。孝感素以董永七仙女的故事著称，楚剧是该地的一大旅游亮点。孝感的楚剧历史悠久，表演精彩，当地应该利用这一资源主动开展旅游业：定期表演楚剧供游客观赏、教授游客楚剧曲调，增强游客的体验感。除孝感外，楚剧也流行于鄂州、黄石等地，这些城市可以借助楚剧文化的开发展开城市旅游跨区域合作；荆州是楚文化和三国文化不可或缺的一部分，其旅游资源具有深厚的文化底蕴。这些地方在进行旅规划的过程中应当深入挖掘当地文化资源特色，借助"一带一路"区域合作的东风推广自身文化旅游优势。

2. 旅游业与农业结合，开发农业旅游资源

独特优质的旅游资源是自然和历史共同创造的，人工难以模仿，但是因地制宜开发别样的旅游资源却是人工的优势，自然难以造就。正在发生正向错位的这些城市中，有广大的农村地区，通过开展观光农业、农家乐等旅游活动开

发这些城市的农业旅游资源，可以让游客参与到农事活动中来，体味别样的乐趣。

湖北省地处江汉平原，历来享有"鱼米之乡"的美誉，旅游+农业的发展具有很好的先天优势。随着生态和健康理念的深入，人们更加注重乡村旅游的品质，对于目前已经存在的"袁夫稻田""谦益农业""一心回乡"等不同规模和特点的有机农作的先行者，不断探讨新的发展模式，导入外来资本追逐，让农业走向生态，让生态走向有机，与绿色为底色的"一带一路"倡议进行深入的对接。

3. 以美食带美景，扩展区域旅游体验

人类对于食物的标准不断变化，从最开始的填饱肚子，到营养美味，现在更是要求绿色健康有特色。荆州大闸蟹、银鱼、野鸭、莲子、荸荠等，孝感米酒、麻糖等，黄石港饼太子豆腐等，鄂州武昌鱼；不管是丝绸之路还是海上丝绸之路，起源都是当地特产的对外输出，鄂州、孝感、黄石等地在对接"一带一路"时可以以这些当地特色食材作为突破口对外输出，以美食吸引带动美景宣传，丰富区域旅游体验。

（三）负向错位市州的对接策略

湖北省旅游发生负向错位的城市有襄阳、黄冈、恩施、咸宁、荆门，这些城市普遍存在的问题是旅游资源丰富但是旅游活动质量不高，这些城市想要跟上"一带一路"的发展可以采取如下方式进行策略对接：

1. 加大旅游宣传力度，提高景区知名度

除了传统的口碑以外，如今的广告营销也很重要，它能让旅游景区远近闻名。像恩施、襄阳等旅游资源丰富的地方更要懂得利用时机与媒体。"一带一路"是个与外界交流的好机会，襄阳、黄冈、恩施等可以拍摄旅游宣传片和专题广告，在国外媒体上传播，将其独有的魅力向国际友人展示。还可以邀请国外记者来本地采风，利用这些记者进行宣传。

2. 吸收旅游企业的投资，引进科学发展经验

"一带一路"倡议鼓励中国企业走出去，而对于一些经济发展欠发达地区可以先"引进来"。引进来有两方面的含义：首先，发生负向错位的这些市在与外商的洽谈中要不露痕迹地推荐本地的旅游资源，让其看到投资的价值，引入资本；其次，各地方也需要引进优秀旅游开发经验，学习旅游开发成功的要素，促进本地旅游状况的改善。

3. 争取政府支持的创意产业，获得政策倾斜

"一带一路"倡议实施的一个重要意义就在于促进不同地区的均衡发展。发生负向错位表明这些地方的资源可能没有得到充分发挥或者属于旅游资源贫乏区域，所以湖北省政府应当采取相应措施，扶持旅游促发展。依托基础建设，改善交通状况，科学合理地规划景区间交通，襄阳是正在规划之中的西武高铁沿线城市，高铁的开通将促进襄阳的对外开放，同时也将带来大量的人流。荆门也依托着较好的地理位置和资源，发展着旅游创意和文化产业，拓展休闲行业在旅游者和当地居民之中的影响力。

三、空间对接城市节点分析

根据空间错位理论得出的不同节点城市，采用不同的对接策略。发展中离不开资源本身的制约或者促进，因此，具体不同的旅游节点城市的发展应该有着不同的发展分析。

（一）"丝绸之路经济带"对接城市节点

1. 武汉

武汉是中国著名的江城，中国第一大河长江及其最大支流汉江在城中交汇，形成三镇鼎立的壮美景观。武汉也被誉为"百湖之市"，拥有全国最大的城中湖——东湖等众多湖泊。城市水域面积占总面积的1/4。武汉是中国历史文化名城，具有3500年历史，是中国楚文化的发祥地之一。武汉是辛亥革命武昌首义之地，也是国内科教名城，高校数量居全国第三。武汉的高新技术产业、汽车产业和商贸流通产业在国内占有重要地位。

武汉交通便捷，是全国六大航空枢纽和四大铁路枢纽之一，是中国高速铁路路网的中心，乘坐高速铁路至北京、上海、重庆、深圳、香港等城市均在五小时左右。武汉也是国际黄金旅游线路长江三峡的门户，是中国滨江滨湖特色的旅游目的地城市和中部旅游中心城市。

2016年全年接待国内旅游者达19126.75万人次，同比增长12.4%；接待海外旅游者170.57万人次，增长5.7%。实现旅游总收入1949.46亿元，增长15.4%。其中，国内旅游收入1892.06亿元，增长15.8%；国际旅游收入9.34亿美元，增长2.2%。年末旅游景区39个，其中5A级3个，4A级19个，3A级14个。旅游星级以上宾馆87家，其中五星级14家，四星级31家，三星级31

家。成为湖北省旅游的主要影响地。

2. 襄阳

襄阳，位于湖北省西北部，汉江中游平原腹地，是楚文化、汉文化、三国文化的发源地，素有"华夏第一城池、铁打的襄阳、兵家必争之地"之称。襄阳已成为鄂西生态文化旅游圈的中心城市，襄阳名胜古迹旅游以三国文化为主要特色，著名景点：隆中风景名胜区、襄阳城等；刘备"三顾茅庐""隆中对"等故事就发生在这里。

2016年全年旅游总人数3357.3万人次，同比增长18.7%。其中，入境旅游人数4.9万人次，国内旅游人数3252.5万人次。旅游总收入221.4亿元，增长22.4%，其中，入境旅游收入3685.5万美元，增长23.4%；国内旅游收入219.2亿元，增长22.4%。虽然具有一定的文化底蕴，但是在旅游经济上存在粗放式发展特点，需要实施一定的差异化地错位发展。

3. 十堰

十堰市是鄂、豫、陕、渝毗邻地区唯一的区域性中心城市，位于华中、西南、西北三大经济板块的结合部。十堰市有着悠久的历史，是中华民族的重要发祥地，是鄂西生态文化旅游圈的核心城市。东临"三国"襄阳、南望神农架、西依大巴山、北屏古秦岭，三千里汉江自西向东横贯全境。十堰市域在商、周时属绞、庸等国；战国时属楚国；秦汉时属汉中郡长利县；东汉、魏时属锡县；唐、宋时属武当郡郧乡县；元代始设郧县。

旅游市场发展红火，2016年全年实现旅游总收入242.7亿元，同比增长20.1%。其中，国际旅游外汇收入5900万美元，增长1.3%。全年接待国内外旅游人数3435.4万人次，增长18.0%。其中接待入境旅游者17.7万人次，增长3.5%。全市拥有旅游星级宾馆饭店79家，A级旅游景区56家，各类旅行社69家。十堰市因为所在位置，空间上被武汉和宜昌两个旅游影响力巨大的旅游目的地所遮蔽，旅游发展上比较乏力。

4. 武汉—襄阳—十堰城市对接部署

武汉、襄阳、十堰三个城市连接发力西北部，依托万里茶道、汉新欧铁路，搭建新亚欧大陆桥经济走廊区域互动合作的重要平台。发挥市场规模优势和产业基础优势，提升武汉、襄阳等主要节点城市辐射带动作用，加快中原城市群一体化进程，推动与西部沿线城市群协同互动，打造产业转移、要素集疏、人文交流平台，建设华夏历史文明传承创新和文化交流中心，形成连接西北、沟通境内外、支撑经济走廊的核心发展区域。

(二)"21世纪海上丝绸之路"对接城市节点

1. 武汉

武汉历来有"九省通衢"之称，是我国少有的集铁路、水路、公路、航空于一体的交通枢纽。外部交通有航空、铁路、水运和公路。航空方面，民航每天都有直达北京、上海、南京、郑州、广州、南昌、福州、成都等国内主要城市及世界各大城市的航班。是华中地区重要的航空交通枢纽。铁路方面，武汉位于长江、汉水的交汇处，有京广线、襄渝线、汉丹线、焦枝线、枝柳线及武大线等组成的铁路交通网络，每天都有从武汉开往湖北省内各城市的列车，同时也有直达北京、郑州、天津、洛阳、重庆、西安、昆明、贵阳、长沙、柳州、广州、南昌、石家庄等国内21个大中城市的列车。同时武汉也是我国长江沿岸最大的中转港之一，上游至重庆、下游至上海都有定班客轮往返。高速公路由107、316、318国道通和武汉通往其他周边城市的高速公路，组成了一个连接南北的公路交通网络。

武汉是"中国优秀旅游城市"，每年举办武汉国际旅游节。市内有名胜古迹339处，革命纪念地103处，全国重点文物保护单位13处，5A级旅游景区3家，4A级景区15家。武汉自然风光独特，四季气候分明，拥有其他大都市罕有的166个湖泊和众多山峦；武汉的人文景观具有浓郁的楚文化特色。成为湖北省对接海上丝绸之路的起点，合情合理。

2. 荆州

荆州地处长江中游，湖北省中南部，位于美丽富饶的江汉平原，素有"文化之邦，鱼米之乡"的美誉。荆州历史悠久，文化灿烂，是中国历史文化名城、全国重点文物保护单位之一，是楚文化的发祥地之一，是著名的三国古战场，历史上"刘备借荆州""关羽大意失荆州"等脍炙人口的三国故事都发生在这里。荆州古城地处连东西贯南北的交通要塞，为历来兵家必争之地，荆州城屡毁屡建，现在的荆州古城最后一次修建是在清朝顺治三年（1646年），依原址而建，保存至今，是"中国南方不可多得的完璧"。

全市旅游景点呈现"一城三片"的格局。"一城"即闻名遐迩的荆州古城，其中纪南城、关公庙、章华寺、乌林古城场、华容道等人文景观经久不衰，荆州博物馆被评为国家首批"4A"博物馆，位居全国地市级博物馆之首，馆藏文物达12万余件，其中，西汉古尸等国家一级文物近300件（套）。中心城区的古城公园、九龙渊公园、凤凰广场、沙隆达广场、凯乐大剧院和奥林匹克体育中心等一批标志性工程相继建成。"三片"即新建开发的松滋涴水风景区、洪湖渔家度假区和石首天鹅洲麋鹿自然保护区。荆州境内山育水秀，湖泊纵横，是典型的水乡园林城市，自然生态景观令人流连忘返。"一曲洪湖水，唱遍天下知"，洪湖的瞿家湾等湘鄂革命根据地旧址已被列入国家级爱国主义教育基地。"新、绿、美"的水乡园林城市风光、"高、大、特"的现代建筑群与历史文化名城风韵交相辉映，使古城荆州焕发出新的光彩。

荆州市主要的影响力来自于"荆州古城"，荆楚文化和三国文化，文物遗址比较丰富，但是古城要焕发新的活力，在"一带一路"对接过程中还需要有一定的创意的发挥，让博物馆文物和文化，与现代年轻人的社交和科技需求进行结合，宜静宜动，增强活力。

3. 宜昌

宜昌市位于湖北西南部，宜昌生态良好，全市森林覆盖率超过58%，地处长江上游与中游的结合部，鄂西山区向江汉平原的过渡带，是举世瞩目的三峡工程所在地，是鄂西生态文化旅游区核心城市，世界水电旅游名城。

宜昌既是巴楚文化的发祥地，是世界古代四大文化名人之一屈原的故里，是民族团结使者、中国古代四大美女之一王昭君的故乡，又是中国优秀旅游城市，是闻名遐迩的旅游胜地，自然景观和现代工程交相辉映，巴楚文化和土家风情水乳交融。旅游资源种类之多，品位之高，世所罕见。全市有各类旅游资源747处，对外开放重点景区49处。

宜昌旅游产业呈现"一体两翼"发展格局，"一体"是长江三峡旅游，"两翼"分别是清江民俗风情旅游、三国文化旅游。长江三峡旅游拥有长江三峡、三峡大坝、三峡人家、两坝一峡、屈原、王昭君等旅游核心吸引物，清江民俗风情旅游拥有清江画廊、北纬三十度岛、天龙湾、柴埠溪、后河等稀有资源，三国文化旅游拥有玉泉寺、关陵、鸣凤山、灵龙峡、猇亭古战场等三国文化旅游资源。

宜昌市旅游产业的发展具有非常好的基础，并且借助三峡旅游的品牌，已经形成"一体两翼"的发展格局。对接"一带一路"的发展。

4. 武汉—荆州—宜昌城市对接部署

发挥武汉航空优势，结合宜昌、荆州水运优势，与上海、福州、泉州、广州等"海上丝绸之路"沿线城市建立旅游合作机制，打造内陆开放型经济高地发，挥连接东西、沟通南北的区位优势，完善铁路、公路、航空网络，推动航空、铁路、公路与江港一体协同，构建三网融合、四港联动、多式联运的现代综合交通枢纽，保障旅游交通便利，同时突出"古丝绸之路"的主题，将武汉、宜昌、荆州建设成为具有较高知名度的国际旅游目的地和客源地，节点城市旅游景点分类见表 7-1。

表 7-1　　　　湖北省节点城市旅游景点分类汇总

武汉	
类别	景点
遗址文化类	黄鹤楼、归元禅寺、晴川阁管理处（武汉大禹文化博物馆）、长春观、宝通禅寺、古琴台、明楚王墓、盘龙城遗址、湖泗瓷窑址群
自然风光类	东湖风景区、黄陂木兰文化生态旅游区、中国科学院武汉植物园、木兰天池旅游度假村、木兰清凉寨景区、云雾山景区、锦里沟、木兰草原、木兰山风景区、九真山风景区、武汉中华奇石馆

襄阳	
类别	景点
遗址文化类	古隆中风景名胜区、襄阳古城墙、庞公祠、襄阳北街、昭明台、承恩寺、张自忠将军纪念馆、唐城影视基地、汉城影视城、三国城、枣阳九连墩楚墓、襄阳王府绿影壁、仲宣楼、米公祠、夫人城、习家池、广德寺
自然风光类	黄家湾鱼泉河漂流、五山镇堰河乡村旅游区、南河小三峡景区、白水寺风景区、熊河风景区、九道河漂流、龙王峡漂流、白竹园寺风景区、唐梓山旅游度假区、薤山旅游度假区、野花谷风景区、水镜庄风景区、香水河风景区、汤池峡温泉、中华紫薇园、白竹园寺风景区、青龙山生态旅游风景区、老河口百花山森林公园

十堰	
类别	景点
遗址文化类	古黄龙古镇、玄武门、玉虚宫、磨针井、太子坡、武当南神道、紫霄宫、五龙宫、南岩宫、金顶、玄岳门、武当山南神道、净乐宫、青龙山恐龙蛋化石群国家级自然保护区、楚长城鄂陕界垭城门、十八里长峡、野人谷野人洞、温泉度假村、挂榜岩、显圣殿、庐陵王故居、上津古城、悬鼓观
自然风光类	赛武当自然保护区、牛头山森林公园、四方山植物园、太极湖、丹江口国家森林公园、银梦湖、太极峡风景区、龙吟峡、仙女洞、虎啸滩、沧浪山国家森林公园、五龙河旅游风景区、龙潭河风景区、九华山森林公园

续表

宜昌	
类别	景点
遗址文化类	晓峰悬棺、猇亭古战场、三国古战场、玉泉寺景区、屈原故里文化旅游区、兴山昭君村、车溪民俗风景区
自然风光类	白马洞、桃花村、黄陵庙、金狮洞、白果树瀑布、三峡大坝旅游区、三峡人家风景区、清江画廊度假风景区、柴埠溪峡谷风景区、西陵峡口风景名胜区、长江三峡工程坛子岭旅游区、三峡石牌要塞旅游区、三游洞风景区、三峡大瀑布风景区（晓峰国家级森林公园）、九畹溪风景区、三峡竹海生态风景区、朝天吼漂流景区

荆州	
类别	景点
遗址文化类	荆州古城历史文化旅游区、熊家冢遗址博物馆、关公馆、关羽祠、张居正纪念馆
自然风光类	洪湖蓝田生态旅游风景区、松滋洈水风景区、石首南岳山森林公园、监利周老嘴景区

总体而言，需要抓住机遇、乘势而上，把服务全国大局与加快自身发展结合起来，全面提升开放型经济发展水平。根据沿线国家情况和各节点城市旅游比较优势，增强合作的针对性和可行性，突出特色，率先在优势领域、重点国别取得突破，逐步形成多领域、全方位的大合作格局。坚持向东向西双向开放和对内对外开放并举，把参与"一带一路"建设与打造内陆开放高地结合起来，完善开放平台布局，逐步健全与沿线国家交流合作机制。坚持市场运作、政府引导，统筹协调、务实推进，调动各方积极性，形成分工协作、步调一致、共同推进的工作局面。

第二节 湖北省旅游品牌对接路径

对于游客而言，旅游品牌形象意味着旅游资源、基础设施、旅游体验在游客大脑中形成感觉并进行加工，最终会综合形成对旅游品牌的整体印象和认知。它依赖于旅游目的地的所提供的旅游产品、服务、体验质量，并通过有效的渠道向游客传达品牌价值，因此湖北省旅游品牌形象的形成与发展需要时间和空间上的持续性与一致性。

一、强化形象识别设计

游客对旅游品牌的认知来源于旅游目的地对游客的刺激作用，形象识别设计会强化游客对旅游目的地的知觉。选择合适的旅游宣传口号，旅游宣传口号必须体现湖北省旅游的地脉、文脉、商脉特色，又要具有可传播性、积极向上并且符合游客需要。此外可通过创立旅游形象的识别标志，强化旅游品牌在游客心中的特征形象。尤其是旅游目的地品牌处于疲劳阶段时，可考虑突出资源特色，在品牌形式（即宣传口号、标志物设计等方面）、品牌内涵各方面进行创新，强化能够代表客观需要和主观特征的旅游品牌形象识别设计。

二、形成旅游品牌黏性

精神层面、物质层面和旅游产品功能层面的分级满足能够带来游客的品牌黏性，这种品牌黏性体现在游客对于旅游目的地的依赖感上，依赖感越强，游客黏性越高，再消费期望值越强。因此要形成和完善湖北省品牌黏性，向社会公众传达旅游目的地的价值观与生活方式，这种生活方式既要与旅游产品的特色相适应，又要能引发符合目标社会公众个性需求的、心理上和情感上的联想，激发目标社会公众的出游欲望。到了品牌的著名阶段和今后的熟悉阶段，目的地仅仅满足目标社会公众的需要是不够的，还需要通过提升旅游产品附加价值，打造系列化和规模化的旅游产品体系，鼓励游客对旅游体验的反馈，建立旅游目的地和游客之间良好的关系，从而形成游客对湖北省旅游品牌黏性。

三、推动旅游产业升级

区域旅游品牌形象是游客对于旅游目的地的价值感知和综合评价，是旅游产业整体实力的外在表现，旅游产业构成了区域旅游品牌形象的重要内容，其发展水平的高低将直接影响甚至决定了区域旅游品牌形象的竞争力、吸引力。旅游业的构成应包括交通运输业、餐饮业、旅行社业、住宿业、游览娱乐业、旅游用品和纪念品销售业、各级旅游管理机构及行业组织等 7 个部门，完善的旅游产业体系是提升旅游目的地品牌形象的重要途径。促进湖北省旅游产业向高端化、绿色化、智能化、融合化、标准化的方向发展，通过湖北省政府部门引导旅游发展方式，扩大地区旅游产业规模，对旅游经济运行进行监管，对各行业分工合作进行协调，从而提升整体产业竞争水平。

树立"全域旅游"发展理念，运用"旅游+"发展模式，大力推进湖北省旅游业与相关产业的资源型融合、生产型融合、服务型融合。以推进旅游与农业的融合为重点，实施"乡村旅游后备厢工程"，引领传统产业转型升级。同时推进旅游与文化、体育、互联网等产业的广泛融合。

针对旅游消费需求日益呈现的新变化和新趋势，着力构建主客共享、国际水准、体系完备、优质高效、安全舒适的旅游公共服务体系，加快推进旅游市场综合监管改革创新。按照"1+3"的整体谋划，以旅游厕所革命为核心，以旅游交通便利化、游客咨询服务中心、智慧旅游为重点，以一带三，深入推进全省旅游公共服务建设。

四、宣传造势整合营销

旅游目的地品牌形象的传播涉及全方位、多层次、宽领域。提升湖北省旅游品牌形象要做到整体传播与重点传播、专项传播与一般传播相结合。通过整合营销的方式，将旅游品牌营销推广的主体、客体、媒介进行有机整合，将旅游品牌形象的信息进行编码，坚持"一个声音"的原则，统一运用和协调好不同的营销工具，使不同的营销工具在不同的阶段发挥其最大效用值。发挥武汉市作为带动全省的旅游动力源和集散枢纽作用，联合其他城市，综合利用不同城市的资源优势、营销优势、区位优势等，通过整合渠道的推广保持畅通的沟通网络，打造湖北省旅游品牌形象"组合拳"，多角度、多样化的展现出不同的旅游目的地的地域特色和作为湖北省旅游城市一部分的共性特征。

营销推广和宣传造势是塑造旅游品牌最直接的和不可或缺的方式。要在传统媒体的创新运用和新媒体的有效使用上着力，一方面应对主流的传统媒体宣传推广手段进行科学的效果评估，根据潜在旅游客源地的消费行为形态特征进行投放区域和投放媒介等方面的调整；另一方面，需有效利用微博、游记与在线评论等新方式，利用OTO模式实现"互联网+旅游"宣传推广方式的创新，借助新媒体，拓宽新渠道；形成"政府主导、企业主体、联合推介、捆绑营销"的宣传理念，准确把握客源市场需求，充分发挥和调动各市州旅游管理部门、旅游企业的积极性，向旅游企业和游客宣传和展示湖北省丰富的旅游产品。

实施形象提升工程，展示湖北旅游对外新形象。在大制作、大宣传中彰显湖北旅游魅力，推广"知音湖北，楚楚动人"的旅游整体形象。把旅游形象纳入全省对外整体形象之中，使旅游成为自信、有礼、开放、包容、文明、诚信的湖北良好形象的重要载体和显著标志。融入"一带一路"建设，对外加强与沿线国家的合作，对内加强与中三角、长江经济带乃至全国各省份的合作，在促进旅游发展共赢的同时，体现湖北旅游的作为和担当。

五、加强旅游品牌基础配套

以更好地满足人民日益增长的美好生活需要为目标，全面加强旅游基础配套设施建设，努力构建与全域旅游相匹配的便捷化、高质量、全覆盖的旅游公共服务体系。构建畅达便捷交通网络，改善公路通达条件，提高旅游景区可进入性，重点打通制约景区发展的"最后一公里"；扎实推进"厕所革命"，推动4A级以上旅游景区建设第三卫生间。针对旅游消费新趋势，大力建设自驾车房车营地、智慧旅游项目、游客集散中心等旅游公共服务设施项目，方便游客出行，提升游客的满意度和获得感。

湖北省旅游对接"一带一路"需要加快旅游基础设施载体平台建设。从水陆空立体交通角度改进湖北省交通格局，积极打造自由贸易港、航空港、国际陆港，深化港口、机场、陆路交通的国际合作，构筑联通内外、便捷高效的水陆空综合大通道。一是加快中欧班列（武汉）发展，组织开行武汉至东南亚、中亚地区的国际货运直达班列，以及武汉至内蒙古、广东多式联运线路；加快推进武汉东西湖汉欧国际物流园、白俄罗斯布列斯特物流分拨中心等境内外物流园区建设；参与中欧班列的数据信息交换和监管结果互认，提高对中欧班列（武汉）运行全程监控能力。二是加快武汉长江中游航运中心建设，推动发展武汉新港近洋直航，黄石新港至韩国近洋国际航线；开辟和发展长江中上游、汉江等港口至武汉新港集装箱喂给航线，深入推进长江黄金水道建设。三是加快国际航空运输通道建设，开通武汉至欧洲全货机航线，以及武汉至沿线国家的国际民航航线，加快湖北国际物流核心枢纽项目建设。四是大力发展多式联运，加快推进多式联运示范工程建设，近期重点推进武汉新港阳逻铁水联运示范项目、黄石新港铁水联运示范工程建设等。

构筑"软设施"联通网络。抓住以信息通信为主的"信息丝绸之路""网上丝绸之路""物联网"等建设机会,及时跟进国家"互联网+"行动计划,统筹信息资源开发利用,加快推进国家级互联网骨干直联点建设,建设湖北与沿线国家和地区的"软设施"网络。

六、提升旅游品牌产品创意特色

针对旅游产品供给不足等问题,建议深入推进旅游业供给侧结构性改革,实施"旅游+"发展,大力推进湖北省旅游业与相关产业的资源型融合、生产型融合、服务融合。加强旅游与文化的融合,鼓励开发特色鲜明、类型多样、可满足不同群体需求的文化旅游产品,重点打造一批在国内外具有较大影响力的文化旅游精品名牌。加强旅游与农业的融合,筑牢"乡村旅游后备厢工程",努力打造湖北乡村旅游升级版。推进旅游与工业的融合,发展旅游装备制造、旅游商品开发、旅游土特产加工等,着力培育一批工业旅游示范企业。加强旅游与水利、体育、健康、养老、研学、科技等深度融合,不断提升旅游新业态发展水平。

主题与特色是旅游产品的灵魂,是旅游吸引力的源泉和市场竞争的核心。在湖北"一带一路"旅游产品系列的设计开发中,要注意产品结构的协调、优化,改变产品结构单一,开发深度不足的问题,在产品系列中突出拳头产品,以发挥主导、带动和支撑作用,而拳头产品的选择,可以是系列产品中具有典型特点的产品,或本着"人无我有、人有我优、人优我新、人新我奇"的原则选出的具有垄断性的产品;或能发展成规模和名牌,进入旅游市场,会产生轰动效应和强大竞争力的产品。

可结合湖北旅游目前自身地理优势,借助四通八达的路上交通系统实现陆路对接,重点打造并提升以"一带一路"遗产文化旅游、茶文化旅游和自然风光休闲旅游为主体的三大旅游产品体系,丰富延伸其他专项旅游产品。

遗产与文化旅游产品。以武汉市万里茶道为支撑,整合明清皇家陵寝、武当山古建筑群、咸丰唐崖土司城遗址世界文化遗产,形成多元化的世界遗产精品线路组合体系。文化旅游产品以世界文化遗产产品为引领,楚文化、三国文化、诗歌文化三大文化旅游产品为重点,民俗文化、宗教文化、红色文化等文化为辅助的文化产品架构体系。

茶文化休闲旅游产品。以湖北青砖茶为核心，重点配套丝路茶香赤壁寻源、千年智慧襄阳福茶，不仅通过影像，开发以"一带一路"为主线的茶文化传播专题录影片，以茶文化为灵活，构建一种集互动参与、点对点指导、茶艺演示与演练、茶艺成果展示的全新体验模式，还可开发商务会展旅游产品：依托武汉作为中国中部地区"三中心两枢纽"（金融中心、商贸中心、科技中心；交通枢纽、通信枢纽）的区位优势，策划举办更多与"丝绸之路"相关的大型旅游会展活动，围绕会展中心配备丰富的休闲旅游设施，做好会展旅游服务工作，在会展营销方面与旅游组织进行互动。大力发展湖北的会展业和会展旅游。

七、旅游品牌市场推广扩大

坚持系统营销和全面营销理念，着力塑造特色鲜明的旅游目的地形象。在宣传内容上，进一步细分细化"灵秀湖北"和"知音湖北"品牌内涵，开展主题型、线路型、业态型、季节型等有针对性的宣传。在宣传推广方式上，优化组合全媒体宣传和户外广告宣传，积极策划开展节庆活动宣传和重大事件宣传。在对接"一带一路""长江经济带"发展中积极开展湖北旅游系列宣传营销活动；围绕湖北省开通国内和国际直航航线的机遇，抓住快速发展的高铁机遇，用足用活72小时免签政策，加强跨境旅游宣传合作，促进入境旅游、入省旅游持续增长。推进旅游惠民，组织开展"湖北人游荆楚"系列活动。

通过对旅游行政管理部门的组织改革和旅游企业组织结构的创新，建立起高效、灵活的旅游管理体系。优化各地区旅游产业的管理水平和旅游企业的经营水平，保障旅游组织结构的优化合理运转，实现湖北旅游产业的统一管理、统筹安排，改善目前旅游资源条块分割、多头管理的现状，确保旅游项目的有序开发及可持续发展。

在遵循各级旅游行业管理部门所制定的法律、条例及管理方法的基础上，针对各地区旅游发展实际，重点从资格审批、经营管理制度、消费者权益保护等方面入手，逐步完善湖北旅游行业管理制度。同时在管理手段方面，要强化行政手段在旅游管理中的作用，充分运用经济手段进行旅游行业管理，强化法律手段在旅游业发展中的规范作用。

加强旅游合作，扩大旅游规模，与"一带一路"沿线国家进行合作，可大力推广湖北"茶文化"旅游、"楚文化"旅游等国际精品旅游线路,提高湖北与各合作国之间旅游文化交流便利化水平。

打造"丝绸之路——湖北形象"宣传片。各县市外宣办应在自身定位准确、清晰的基础上,塑造完整的丝路形象,既要突出自身优势,更要强调地区旅游规划的整体框架。而且,形象塑造不仅要展现文化山水、历史风光,更要展现湖北的精神风貌,以细化国内外受众对"丝绸之路"的进一步理解与尊重。

加大旅游宣传营销力度,促进旅游业持续增长;着眼长远,细分旅游市场,制订营销专项规划,确保旅游业持续健康发展。针对国内外市场,以提高知名度和湖北品牌魅力的旅游品牌整合营销为湖北旅游营销的主导形式。拓展境外客源市场,以"万里茶道——湖北之源"为营销主题,以武汉为主要旅游目的地,连线鄂西旅游城市圈热点城市和景区,加大对港澳台、日本、韩国和俄罗斯、印度、东南亚、大洋洲等主要客源市场的营销力度。强化国内市场营销,以"丝路探寻——灵秀湖北"为营销主题,细分客源市场,开展四季、特色、差异性营销;加强与"一带一路"节点城市的合作,开展"丝路"专项营销活动,拓展高品质商务和遗产文化客源市场。

八、提高旅游抗风险能力

"一带一路"着眼于贸易与投资。基础设施建设是中国与沿线国家进行对接的重点。旅游产业的对接,将在"一带一路"基建"存量"的基础上带来更多的"增量"。"一带一路"是一个包容的系统性工程。中国并不是唯一的出资方,众多与项目有关联的投资公司、承包商以及金融机构也是重要的参与者。在建设过程中,贸易与投资不仅能生成经济效能、社会效能,更不可忽略的是其政治效能以及可能引起的外溢。在这一点上,"一带一路"可能对现有的区域治理格局产生一定的影响,有些西方学者则带有偏见地指责中国实施一种新的"殖民主义"。旅游项目是典型的"低政治领域",较少地引发歧义与冲突,因而,对接产生的交易费用相对较低。国家为实现长远发展往往会制订决定全局的规划。旅游涉及基建以及民生所需,由于"一带一路"沿线发展中国家在民生以及脱贫上的压力使其对国家发展具有强烈的愿望,各国存在相对比较优势,存在相互供给相互需求的面,亦可互为市场以及投资主体,这是发展对接的基础。

发展对接有助于实现国家间能量的传输，为相应的领域合作提供平台与空间。在产业对接中，我们要清醒地看到潜在的挑战。"一带一路"沿线国家面临较为复杂的地缘安全、地缘政治、地缘经济甚至地缘宗教的挑战。

在地缘安全上存在恐怖主义、分离主义、一国内战的区域性外溢、极端主义等的挑战；在地缘政治上存在既有地区权力结构、国家治理失效、霸权势力干预、跨国犯罪集团势力等的威胁；在地缘经济上存在国家经济治理失序、美元货币的结构性霸权、双边汇率、海关税收、基建成本、航空交通线路等动态因素的挑战；在地缘宗教上，存在宗教恐怖主义、宗教极端势力等的挑战。

为应对挑战，需要从国家、企业和个人层面上进行动员。于国家而言。中国需要在构建人类命运共同体理念下，进一步地发展与"一带一路"沿线各国政府的政治互信，加强政党政治与安全上的对话，求同存异，加强双边安保合作，积极参与地区安全治理，建立旅游安全时时预警情报合作机制；支持多边贸易，旗帜鲜明地反对贸易保护主义；做好利益分配，优化投资结构，逐步放开国内旅游市场的外资准入，优化相应的金融和保险安排，引导沿线国家的资金参与"美丽乡村""全域旅游"建设，有序地开展人民币汇率市场化改革，加强风险管控，推动保险业走出去，推动人民币走出去，建立区域与国别的人民币结算中心；合作安全开发公共物品，实施签证便利，调动相关职能部门的角色，推动经济外交、公共外交对接。

对企业而言，企业是旅游产业对接的主力军。为此，企业家应该具备一定的外事知识和礼仪修养，提升政治敏锐性，了解所在国的基本政治制度、党派与主要的社会团体，了解并尊重当地民众的宗教禁忌与生活习俗；增强企业日常安防训练，反对商业贿赂，遵守当地的法律；做好投资与贸易的利益分配，在可承受的范围内，安排一定的资金投入到当地的医疗、环境、教育等福利领域建设，积极参与社区的治理与建设，争取当地民众的最大认同；加强"义利观"建设，履行企业的社会责任。

对个体而言，要处理好旅游、安全与维护国家形象的关系。通常来讲，任何旅游者都有自身的国籍属性，对外代表了国家形象。为此，游客应当积极维护国家形象与尊严，文明出行，文明旅游，遵守公序良俗，遵守他国法律，尊重当地宗教信仰；加强自身的安全意识，了解对象国出入境规定，注意自身形象，理性消费，遵守景区的安全规定，合理维权。

第三节 湖北省旅游产业对接保障

湖北制订"一带一路"旅游产业发展规划、确定旅游产业发展方向,首先应以"统一营销、统一协调、统一规划、统一保护"为核心理念,建立旅游产业领导小组,发挥旅游产业领导小组作用,统筹领导全省旅游工作;按照旅游产业要素聚合的需要,整合政府可调控的行政资源,形成旅游、商务、会展、文化、科技、体育、教育、卫生等部门合力推进旅游产业发展的机制;建立全省旅游产业发展目标考核机制,强化旅游行业自律,完善"湖北旅游协会"的职能,建立全民参与运作的市场监管机制。

同时每年召开联席会议,加强省内各城市之间的联系与沟通,加强"一带一路"合作省市之间的联系与沟通,互相学习、借鉴经验,研究探索旅游资源开发、旅游线路设计、旅游产品创新、旅游景区管理的新经验、新方法。

一、政策保障

旅游业是典型的绿色、文明、共享、开放的商业形态。游客的位移,必然产生对衣食住行的需求、审美需求、安全需求、消费需求。旅游业具有较强的产业"黏性",涵盖地产建筑业、金融业、餐饮业、服装业、交通运输业、教育业、会务会展业等。在全面建设小康社会中,各地积极推动地方经济的内生性增长,推动旅游与"一带一路"建设对接符合供给侧结构性改革以及产业升级的内在要求。湖北旅游对接"一带一路"发展应该积极遵守和利用国家和地区各级政府相关政策法规,立足当前,勇于开拓,充分利用各种优惠条件,大力发展本项目。

2015年国家发布了多项旅游相关政策,其中《国家旅游局关于开展中国国际特色旅游目的地认定工作的通知》《国家旅游及相关产业统计分类》《关于进一步促进旅游投资和消费的若干意见》为今后旅游产业进一步健康发展、推进具有中国特色的国民旅游休闲体系建设有着重要的指导意义。2016年7月,住房和城乡建设部、国家发展改革委、财政部联合下发了《关于开展特色小镇培育工作的通知》,这是支持"特色小镇建设"的首个国家层面政策。2017年习近平总书记在宁夏考察时提出发展全域旅游，路子是对的，要坚持下去。当前，我国旅游市场最耀眼的两大特色是"特色小镇"建设的稳步推进以及"全域旅游"的展开。对此，国家旅游局牵头推进"厕所革命""生态旅游""红色旅游""旅游扶贫""世界旅游联盟建设""市场秩序整顿""旅游综合体制改革"等。2018年是"美丽中国——全域旅游年"的开局年，各省区市投入众多的资源打造"特色小镇"，这些小镇的建设极大地吸引了投资，融合了当地的扶贫项目，形成了"旅游——投资——扶贫"的特色路子。

在国家政策背景下，制订《湖北省"十三五"旅游业发展规划》时也应该立足实际，结合已经通过的《"一带一路"城市旅游联盟章程》相关内容，确立今后旅游工作中心，将对接"一带一路"作为今后的工作重点，把旅游业建设成为国民经济的主导产业和人民群众更加满意的现代服务业。各城市乡镇政府积极提供各项优惠政策为湖北旅游产业发展保驾护航。

二、资金保障

湖北旅游对接"一带一路"建设，将扩大基础设施的建设。基础设施一般具有投资大、周期长、回报率低、社会效益大的特点，主要由政府承担责任。政府也肩负着优化旅游产业发展的投融资环境的责任，需要加快旅游招商引资步伐，加强对相关投资项目的管理，还要熟练地利用国际资金。

对省内各旅游企业进行甄别审核，制订"红黑榜"。好的项目上红榜，向国际社会展示这就是湖北优秀的"一带一路"旅游企业，对它来说是一种激励和推动。不好的企业要上黑榜，对旅游企业进行一定程度的警告，促进它整改再发展。这样，湖北旅游企业通过红榜、黑榜机制，使一些好的旅游项目成为精品，以精品式打造、塑造的方式去赢得湖北"一带一路"旅游名片。不好的旅游项目在资金支持上有所限制，避免资源浪费。

同时建立"一带一路"专项基金，实行"统一领导、统一规划、统一开发、统一管理"的原则，对全省范围内的旅游开发建设项目实行归口管理。同时要创新贸易方式，发展跨境电子商务等新的商业业态，实现资金多元化保障。

三、人才保障

湖北是教育大省，每年培养的优秀旅游产业人才数以千计，但如何留住人才是一项重大的任务，同时"一带一路"的实施对于旅游产业人才的要求有所改变，如何引进人才、培养人才都是湖北旅游产业对接能否成功实施的关键。

学者、专家、智库是人才保障的三大主体，是湖北旅游产业对接"一带一路"建设的中枢和大脑，提供必要的智力支持和思想保障，"没有思路就没有丝路"。避免名不符实的现象，例如有一些政府、企业和高校成立了"一带一路"研究院，但没有整合上述主体资源，没有进行实地调研，甚至没有专业的研究人员，最终很难向社会提供有分量的研究成果。

加强对全省旅游教育资源的有效整合和利用，鼓励支持旅游院系学科发展，培养各类旅游人才。加强旅游人才培训基地和机构建设，完善政府、企业、院校、协会多方参与、合作共享的人才培养机制。推进导游人员管理体制改革，完善导游人员激励机制、保障机制和薪酬机制。强化旅游从业人员在职培训，提升一线旅游从业人员的服务意识和服务技能。建立和完善旅游职业资格和职称制度，加强培养旅游专业人才和经营管理高端人才，培育壮大职业经理人市场。

首先要制订湖北旅游产业引进人才的优惠政策，并大力引进各种类型人才，创造绩效优先、体现价值的人才分配机制，建立人才引进体系，以优厚待遇吸引人才，长远目标是带动和培育本地人才。其次对于各旅游景区景点旅游管理人员，应委托专业旅游培训组织聘请专家前往规划区进行培训，或参加地区高级旅游管理干部培训，或前往运营成熟的景区考察学习，保障旅游服务高水平。最后，在湖北高校学科建设上以及人才培养上开设相关专业，以培养专业人才。支持和鼓励大学生的海外留学项目，提升湖北高校对中亚国家来华留学的整体吸引力，并与丝路沿线国家大学建立校际合作交流联系，推动湖北旅游人才储备建设，充分发挥各类人才的潜质和能力。

参考文献

[1] 21世纪海上丝绸之路国际研讨会．[EB/OL]．[2015-02-11] http：//www.xinhuanet.com/world/20150211sczl/index.htm.

[2] 湖北敲定"一带一路"方案将推出一批重大工程．[EB/OL]．[2015-11-23] http：//hb.qq.com/a/20151123/010233.html.

[3] 国家发改委："一带一路"五年来取得六方面成效．[EB/OL]．[2018-08-08] http：//special.chinadevelopment.com.cn/2019zt/70zhounian/jubo/2018/08/1529452.shtml.

[4] 韩鹏栓：聚焦"一带一路"——从谋篇布局向精耕细作阶段迈进．[EB/OL]．[2019-04-25] http：//www.cien.com.cn/2019/0425/60418.shtml.

[5] 金涛："一带一路"背景下的旅游外交．[EB/OL]．[2017-10-24] http：//www.ctnews.com.cn/art/2017/10/24/art_124_11671.html.

[6] 李金早：让旅游成为民心相通的亮丽纽带．[EB/OL]．[2017-09-14] http：//www.ctnews.com.cn/art/2017/9/14/art_ 113_ 10970.html.

[7] 贾康："一带一路"建设的多元筹资机制创新．[EB/OL]．[2014-12-20] http：//www.aisixiang.com/data/81572.html.

[8] 金涛："一带一路"背景下的旅游外交．[EB/OL]．[2017-10-24] http：//www.ctnews.com.cn/art/2017/10/24/art_124_11671.html.

[9] 明年中国前往"一带一路"游客量或超1.5亿人次．[EB/OL]．[2019-08-14] http：//www.cinic.org.cn/hy/ly/589358.html.

[10] 人民日报钟声：丝路精神，贯穿古今开新篇．[EB/OL]．[2014-02-25]．http：//opinion.people.com.cn/n/2014/0225/c1003-24452306.html.

[11] 宋海："一带一路"大战略下，企业如何走下去．[EB/OL]．[2015-11-27] http：//news.hexun.com/2015-11-27/180844881.html.

[12] "一带一路"点亮湖北发展新方向．[EB/OL]．[2015-03-10]

http：//focus. cnhubei. com/original/201503/t3200906. html.

［13］徐万佳：旅游外交：开拓发展新空间. ［EB/OL］. ［2017 - 01 - 28］http：//www. ctnews. com. cn/art/2017/1/28/art_122_5629. html.

［14］闫娜："一带一路"背景下 儒家文化旅游创新发展研究. ［EB/OL］. ［2018 - 06 - 30］http：//m. pit. apdnews. com/yanjiu/yidaiyilu/859612. html.

［15］张茂荣："一带一路"五年成就辉煌. ［EB/OL］. ［2018 - 08 - 17］http：//www. xinhuanet. com/politics/2018 - 08/17/c_1123287186. html.

［16］张红："一带一路"5 岁了（环球热点）. ［EB/OL］. ［2018 - 08 - 02］http：//world. people. com. cn/n1/2018/0802/c1002 - 30191492. html.

［17］张红："一带一路"五年从愿景成为现实 五大类成果丰硕. ［EB/OL］. ［2014 - 12 - 20］https：//www. yidaiyilu. gov. cn/xwzx/gnxw/61704. html.

［18］赵磊：找准"一带一路"的关键点. ［EB/OL］. ［2015 - 07 - 03］http：//www. aisixiang. com/data/90057. html.

［19］赵磊：这是"一带一路"最大的痛点. ［EB/OL］. ［2015 - 12 - 11］http：//www. aisixiang. com/data/95015. html.

［20］赵晓舟："一带一路"背景下的金融文化融合与创新. ［EB/OL］. ［2018 - 10 - 15］http：//topics. gmw. cn/2018 - 10/15/content_31724141. htm.

［21］2017 湖北旅游发展评价报告出炉 看看你家乡排第几. ［EB/OL］. ［2018 - 08 - 20］http：//www. hsdcw. com/html/2018 - 8 - 20/932863. htm.

［22］陈磊，胡静，付琼鸽，陈小娟. 山东省 A 级景区与入境旅游质量的空间错位研究［J］. 华中师范大学学报（自然科学版），2014（5）：755 - 760.

［23］陈乔. 广西旅游景区、交通、旅游收入的空间错位研究［D］. 广西师范学院，2013.

［24］戴斌，蒋依依，杨丽琼，马仪亮. 中国出境旅游发展的阶段特征与政策选择［J］. 旅游学刊，2013，1（28）：39 - 45.

［25］邓祖涛，尹贻梅. 我国旅游资源、区位和入境旅游收入的空间错位分析［J］. 旅游科学，2009（3）：6 - 10.

［26］丁旭生，李永文，吕可文. 基于空间错位理论的河南省旅游发展区域差异研究［J］. 地理与地理信息科学，2011（2）：106 - 108.

［27］国家发展和改革委员会学术委员会办公室. "一带一路"构建全方位开放新格局［M］. 北京：中国计划出版社，2015.

［28］欧利平. 我国旅游后发地区的旅游发展政策研究［D］. 南昌大学，2011.

［29］孙久文，高志刚. 丝绸之路经济带与区域经济发展研究［M］. 北京：经济管理出版社，2015，3.

［30］唐晓云. 中国旅游发展政策的历史演进（1949—2013）——一个量化研究的视角［J］. 旅游学刊，2014，8（29）：15-27.

［31］陶希东. 跨界区域协调：内容、机制与政策研究——以三大跨省都市圈为例［J］. 上海经济研究，2010（01）：56-64.

［32］许贤棠，胡静，陈婷婷. 湖北省旅游资源禀赋空间分异的综合评析［J］. 统计与决策，2015（5）：107-110.

［33］王义桅."一带一路"的文明解析［J］. 新疆师范大学学报（哲学社会科学版），2016，37（01）：14-21.

［34］王云才. 国际乡村旅游发展的政策经验与借鉴［J］. 旅游学刊，2002，4（17）：45-50.

［35］翁钢民，陈林娜. 区域旅行服务、交通区位与旅游经济的空间错位研究［J］. 地理与地理信息科学，2014（4）：90-94.

［36］Christof Pforr. *Tourism Policy in Australia's Northern Territory：A Policy Process Analysis of its Tourism Development Masterplan*［J］. Current Issues in Tourism. 2001（4）：275-307.

［37］Christophe Cleguer etal. *Spatial mismatch between marine protected areas and dugongs in New Caledonia*［J］. Biological Conservation. 2015（184）：154-162.

［38］Chui-Hua Liu etal. *Improving tourism policy implementation—The use of hybrid MCDM models*［J］. Tourism Management. 2012（33）：413-426.

［39］Kaewta Muangasame et al. *The challenge of implementing sustainable tourism policy：a 360-degree assessment of Thailand's "7 Greens sustainable tourism policy"*［J］. Journal of Sustainable Tourism. 2015（23）：497-516.

［40］Kain. *Housing segregation, negro employment, and metropolitan decentralization*［J］. The Quarterly Journal of Economics，1968，82（2）：175-197.

［41］Xianming Meng etal. *A CGE assessment of Singapore's tourism policies*［J］. Tourism Management. 2013（34）：25-36.

［42］Yves Zenou. *Spatial versus social mismatch*［J］. Journal of Urban Economics. 2013 (74): 113 – 132.

[43] Yingling Fan et al. *Spatial mismatch in Beijing, China: Implications of job accessibility for Chinese low – wage workers* [J]. Habitat International. 2014 (44): 202 – 210.

后 记
——学术回归有感

在键盘上输入后记二字时,已经是凌晨3点。窗外一片漆黑,黑得纯粹,自己却没有一点睡意,脑海中浮现出过去的点点滴滴,于是写点儿感受以作纪念。

说来惭愧,旅游管理科班出身,却没有能在旅游科研学术上有建树,感觉在旅游管理本科、旅游规划硕士和旅游管理博士毕业以后,似乎还是学术高峰的旁观者。

年复一年的教学科研中,我已经感觉到被科学和社会的快速发展所抛弃,于是被空虚、不安全、焦虑、纠结,孤独而迷茫等一系列负面情绪充斥着。很奇怪,这似乎与很多人看到的高校教师的生活状态完全是相悖的。米哈利契克森在其《心流:最优体验心理学》一书中就表明这样的观点,"很多时候在我们做自己非常喜欢、有挑战并且擅长的事情的时候,就很容易体验到心流,比如爬山、游泳、打球、玩游戏、阅读、演奏乐器还有工作的时候"。只有在自己能有自由意志的掌控感时,心流才会出现,也才会让负熵消失,这也启发了自己找到学术幸福感的切入点。

看到一年前在思维导图中自己写下的高校教师生活,仍然有感。虽然教师也是形形色色,有真有为和假有为的,有实无为和虚无为的,但总还是应验了那句话——"幸福的人生都是相似的,不幸的人生各有各的不幸"。没有目标的人生确实会让人迷失,高校教师的价值实现莫过于回归学术,躬身入局,找到属于自己的生活和工作的"心流"。

感谢父母和先生的全力支持,营造和谐的家庭氛围;感谢初三的姐姐能照顾好自己紧张的学习生活,理解我的不易;感谢弟弟表现出的各种乖巧和搞怪,让我能在繁忙中受到童趣的感染,紧张松弛总相宜。

学术回归的道路上没有年龄区分,没有性别差异,有的只是沉浸下来的体验。送给有着和我同样境遇的教师共勉。

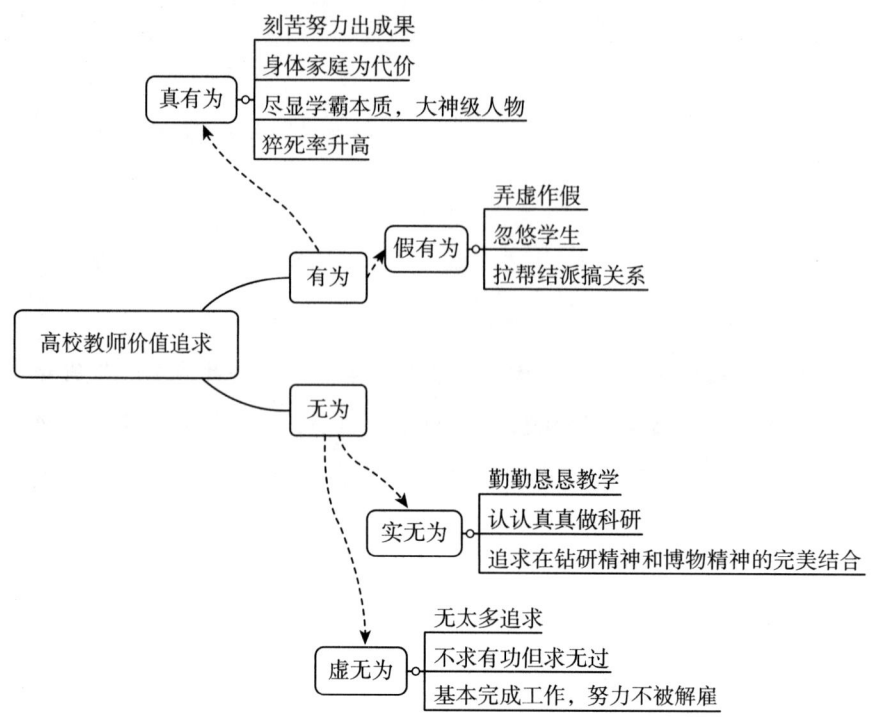

李莺莉